CONTEÚDO DIGITAL PARA ALUNOS
Cadastre-se e transforme seus estudos em uma experiência única de aprendizado:

1 Entre na página de cadastro:
https://sistemas.editoradobrasil.com.br/cadastro

2 Além dos seus dados pessoais e dos dados de sua escola, adicione ao cadastro o código do aluno, que garantirá a exclusividade do seu ingresso à plataforma.

4907974A3831528

3 Depois, acesse:
https://leb.editoradobrasil.com.br/
e navegue pelos conteúdos digitais de sua coleção :D

Lembre-se de que esse código, pessoal e intransferível, é valido por um ano. Guarde-o com cuidado, pois é a única maneira de você acessar os conteúdos da plataforma.

CB037461

Editora do Brasil

Dados Internacionais de Catalogação na Publicação (CIP)
(Câmara Brasileira do Livro, SP, Brasil)

Almeida, Margarida Regina de
 Fé na vida : ética e cidadania, 7 / Margarida
Regina de Almeida, José Donizetti dos Santos, Lucas
Madsen da Silveira. -- 2. ed. -- São Paulo : Editora
do Brasil, 2021. -- (Fé na vida)

 ISBN 978-65-5817-320-5 (aluno)
 ISBN 978-65-5817-321-2 (professor)

 1. Cidadania (Ensino fundamental) 2. Ética
(Ensino fundamental) I. Santos, José Donizetti dos.
II. Silveira, Lucas Madsen da. III. Título.
IV. Série.

20-52093 CDD-372.1

Índices para catálogo sistemático:
1. Ética e cidadania : Ensino fundamental 372.1
Cibele Maria Dias - Bibliotecária - CRB-8/9427

© Editora do Brasil S.A., 2021
Todos os direitos reservados

Direção-geral: Vicente Tortamano Avanso

Direção editorial: Felipe Ramos Poletti
Gerência editorial: Erika Caldin
Supervisão de arte: Andrea Melo
Supervisão de editoração: Abdonildo José de Lima Santos
Supervisão de revisão: Dora Helena Feres
Supervisão de iconografia: Léo Burgos
Supervisão de digital: Ethel Shuña Queiroz
Supervisão de controle de processos editoriais: Roseli Said
Supervisão de direitos autorais: Marilisa Bertolone Mendes

Supervisão editorial: Júlio Fonseca
Edição: Andressa Pontinha
Auxílio editorial: Douglas Bandeira
Especialista em copidesque e revisão: Elaine Cristina da Silva
Copidesque: Giselia Costa, Ricardo Liberal e Sylmara Beletti
Revisão: Amanda Cabral, Andreia Andrade, Fernanda Prado, Flávia Gonçalves, Gabriel Ornelas, Mariana Paixão, Martin Gonçalves e Rosani Andreani
Pesquisa iconográfica: Elena Molinari, Daniel Andrade e Tempo Composto Col. de Dados Ltda.
Assistência de arte: Daniel Campos Souza
Design gráfico: Megalo Design
Capa: Megalo Design
Imagem de capa: Megalo Design
Edição de arte: Patricia Ishihara
Ilustrações: Cibele Queiroz, Laerte Silvino, Leonardo Conceição e Ricardo Ventura
Editoração eletrônica: Npublic/Formato Editoração
Licenciamentos de textos: Cinthya Utiyama, Jennifer Xavier, Paula Harue Tozaki e Renata Garbellini
Controle de processos editoriais: Bruna Alves, Carlos Nunes, Rita Poliane, Terezinha de Fátima Azevedo e Valeria Alves

2ª edição / 5ª impressão, 2024
Impresso na Melting Color

Avenida das Nações Unidas, 12901
Torre Oeste, 20º andar
São Paulo, SP – CEP: 04578-910
Fone: +55 11 3226-0211

www.editoradobrasil.com.br

Querido estudante,

Foi com muito carinho e cuidado que preparamos este livro para você.

Nossa caminhada ao longo deste ano será uma grande aventura em busca de novos aprendizados. Sua juventude está apenas começando. Lembre-se: você é o principal responsável pela construção de sua própria história.

Cada diálogo deste livro foi planejado para ajudar você a entender que o **cuidado** consigo mesmo e com os outros é importante para nos tornarmos seres humanos melhores e mais felizes. Queremos encorajá-lo a assumir sua responsabilidade na missão de tornar o mundo melhor: justo, fraterno, solidário, um lugar bom para viver.

Vamos, juntos, aprender a cuidar de nós mesmos, dos outros, de nosso planeta e da vida.

Desejamos sucesso nesta caminhada.

Um abraço carinhoso,
Margarida, Donizetti e Lucas

Conheça os autores

Margarida Regina de Almeida

- Pós-graduada em Metodologia do Ensino Fundamental e Médio
- Licenciada em Pedagogia
- Licenciada em Desenho e Artes Plásticas

José Donizetti dos Santos

- Filósofo e educador
- Especialista em Neurociência na Educação
- Instrutor sênior de Meditação Mindfulness
- Diretor de escola da rede particular de ensino

Lucas Madsen da Silveira

- Mestre em História e Culturas Políticas
- Licenciado em História
- Professor de História e Educação para a Vida

A MAGIA DA VIDA

Possamos ser espontâneos e leves. Suaves e transparentes.
Moderados, corajosos e humildes na compaixão.
A magia da vida está na simplicidade das pequenas coisas!

Possamos ser amorosos e justos. Alegres e plenos de esperança.
Cordiais, gentis e carinhosos na amizade.
Gratos, atenciosos e serenos ao tomar decisões.
A magia da vida está na simplicidade das pequenas coisas!

Possamos ser generosos e prudentes.
Sensíveis e cuidadosos. Únicos e pacíficos.
Inquietos e eternos aprendizes durante a travessia.
A magia da vida está na simplicidade das pequenas coisas!

José Donizetti dos Santos

SUMÁRIO

PRIMEIRO MOMENTO

Valores essenciais para conhecer-se e ter autocuidado 9

01 A IDENTIDADE NA ADOLESCÊNCIA 10
  O autoconhecimento na adolescência 10
  Mas o que é adolescência? 12

02 O VALOR DA AUTENTICIDADE 18
  Autenticidade e sinceridade 18

03 AUTOESTIMA É VIDA! 26
  O autoconhecimento e a autoaceitação 26
  Lidando com as cobranças no dia a dia 27

04 AUTODOMÍNIO: HABILIDADE FUNDAMENTAL 34
  O autodomínio no cotidiano 34

05 CARÁTER: VALOR QUE DEFINE QUEM SOMOS 40
  Caráter e reputação 40

REVIVENDO OS DIÁLOGOS 48

SEGUNDO MOMENTO

Valores essenciais para a alteridade 50

06 CONVIVÊNCIA: RESPEITO E TOLERÂNCIA 52
  Alteridade e altruísmo 52

07 CONVIVÊNCIA: DIÁLOGO E SOLIDARIEDADE 60
  A importância do diálogo 60
  Redescobrir a solidariedade 62

08 O VALOR DA CONFIANÇA 66
  O desafio de construir a confiança mútua 66

09 FAMÍLIA, APRENDIZADO E AMOR 74
  A vida em família 74

10 CULTURA DA PAZ 82
  Paz e a ausência de guerra 82

REVIVENDO OS DIÁLOGOS 88

TERCEIRO MOMENTO

Valores essenciais para a construção de um mundo melhor 91

11 O MUNDO QUE VEJO 92
   Saindo de si 92
   É hora de arrumar o planeta 93

12 O MUNDO PRECISA DE MIM 100
   Corresponsabilidade 100
   Todos podemos mudar o mundo 103

13 O PODER DA ESPERANÇA 108
   Esperar também é agir 108

14 A FORÇA DA SOLIDARIEDADE 116
   Perceber o outro 117

15 JUSTIÇA SOCIAL E ECOLOGIA 124
   O que é justiça social? 124
   Educação Ambiental 125
   O que faz a diferença 127
   Pegada ecológica 129

REVIVENDO OS DIÁLOGOS 134

QUARTO MOMENTO

Valores essenciais para o compromisso com a vida 136

16 VIDA, UM DIREITO DE TODOS 138
   O valor da vida 138

17 A GRATIDÃO ENRIQUECE A VIDA 148
   Reconhecendo as graças da vida 148

18 TODA VIDA DEVE SER PROTEGIDA 154
   A importância de todas as criaturas 154
   A interdependência da vida 155

19 A VIDA, UM CAMINHO DE DESCOBERTAS 162
   O sentido da vida 162
   Explorando novos horizontes 163

20 QUALIDADE DE VIDA 168
   Os benefícios de uma vida saudável 168
   Qualidade de vida 169
   O índice da felicidade 170
   Como posso contribuir para a qualidade de vida das pessoas? 171

REVIVENDO OS DIÁLOGOS 174

Primeiro Momento

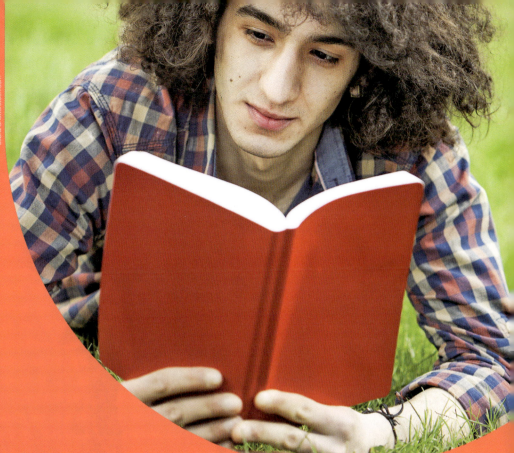

Valores essenciais para conhecer-se e ter autocuidado

O autocuidado tem uma dimensão emocional muito importante, que inclui valores, posicionamentos diante do mundo e o modo como lidamos com o sucesso ou o fracasso. Por isso, cuidar de si e buscar o autoconhecimento são duas ações muito próximas e que precisam ser aprendidas.

De agora em diante, iniciaremos importantes reflexões, por exemplo: Que tipo de relação mantemos com nossa imagem no espelho? No dia a dia, agimos de acordo com nossos valores? Lidamos bem com nossas emoções? Pensaremos sobre a importância das atitudes que tomamos e como elas afetam a nós e aos outros.

DIÁLOGO 01
A identidade na adolescência

▶ A identidade de cada pessoa é única: é a forma de ser e de se portar diante do outro.

O autoconhecimento na adolescência

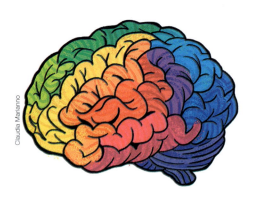

Especialmente durante a adolescência, vivenciamos profundas transformações físicas e aprimoramos o que o psicólogo Daniel Goleman chama de **inteligência emocional**: um conjunto de habilidades que incluem o autoconhecimento, o autocontrole, a empatia e a percepção das sociedades ao nosso redor.

Para desenvolver autoconhecimento, é necessário entender o que acontece em nosso íntimo, ou seja, precisamos entender o que é realmente importante para nós. Daniel Goleman comenta também que é necessário estarmos atentos a nossos impulsos, focarmos o que é essencial e ignorarmos distrações. Isso nos ajuda a desenvolver determinação para alcançar objetivos.

A psicóloga Tânia Zagury chama nossa atenção para a importância da reflexão na adolescência. Ela explica que é necessário um tempo para pensar, para rever as crenças e a fé que antes eram transmitidas exclusivamente pela família. Isso requer um tempo muito próprio, que varia de pessoa para pessoa.

É comum, nessa fase da vida, que ainda tenhamos muitas perguntas sem respostas. É o momento de refletir sobre valores: **O que nos faz feliz?** O que desperta em nós bons sentimentos, prazer de viver e nos traz realização pessoal?

Você perceberá que, à medida que vivemos, desenvolvemos hábitos que não nos trazem nenhum benefício e, às vezes, acumulamos hábitos e conceitos negativos. Se nos examinarmos constantemente e nos questionarmos, entenderemos o que não vai bem e perceberemos o que é mesmo essencial para nós. Conhecer-se verdadeiramente e aprender a cuidar de si é um desafio para toda a vida. Mas é um desafio que vale a pena!

▸ Boas amizades contribuem para o crescimento pessoal e para o desenvolvimento de hábitos saudáveis. São de bastante ajuda quando precisamos tomar decisões, pois temos com quem refletir e quem nos apoie.

▸ O hábito de confiar e contar com os adultos, como pais e professores, contribui para a construção de valores e atitudes saudáveis e responsáveis.

MOMENTO de PROSA

01 Qual é a importância de fazer perguntas e buscar respostas sobre si mesmo?

02 O que você pode fazer para se conhecer melhor?

03 Que perguntas devemos fazer sobre nós mesmos para nos conhecermos sempre mais e melhor?

Mas o que é adolescência?

O adolescente está descobrindo o mundo do qual faz parte. É possível que uma das mais importantes tarefas nessa fase seja a construção da própria identidade, isto é, a busca de resposta para a pergunta: "Quem sou eu?".

Essa é a etapa de construir os próprios valores e crenças, formar opinião e descobrir interesses. É a fase de identificar o que é certo e o que é errado, o que se pode ou não fazer e sentir orgulho de suas conquistas. O adolescente busca ser aceito, respeitado e deseja de forma intensa se diferenciar de seu grupo de origem.

É a etapa da vida entre a infância e a vida adulta, caracterizada por grandes mudanças físicas, psicológicas, sociais e sexuais. Tais mudanças são vividas intensamente e, muitas vezes, tornam essa fase bem desafiadora tanto para os adolescentes como para os pais, familiares e professores.

Os adolescentes não são iguais no mundo inteiro. Entre eles, há diferença na maneira de ser e de viver, em razão da educação e da cultura de cada povo. A felicidade durante a adolescência dependerá também da relação dos adolescentes com a família, com eles mesmos e com suas emoções, além dos relacionamentos na escola.

Reflita um pouco sobre sua adolescência:

- Quais são os valores que a permeiam?
- Quais são as limitações dessa fase?
- Do que você mais gosta nessa fase?
- Do que você menos gosta?
- Você considera a adolescência um momento bom? Por quê?

A importância dos grupos na adolescência

▶ Os metaleiros são fãs de *heavy metal* e surgiram em meados de 1970 na Inglaterra e nos Estados Unidos. Em geral, usam cabelos compridos, roupas pretas, casacos de couro, *patches* (remendos) e camisetas de bandas de metal.

Buscando segurança e aceitação, os adolescentes constroem laços com base em suas identificações: procuram amigos com os mesmos interesses, gostos e desejos. Entretanto, às vezes, isso os leva a formar grupos fechados, o que reforça dificuldades para tolerar diferenças.

Especialmente durante a adolescência, é fundamental trabalhar a construção da autoestima, aprender a confiar em si mesmo e saber que a responsabilidade do desenvolvimento da autoconfiança não é dos familiares, amigos, namorada ou namorado – é nossa.

Contudo, nessa fase de tantas transformações, é importante que haja diálogo, amizade e companheirismo no convívio familiar. O adolescente deve contar com os pais para amenizar os conflitos e buscar na família seu porto seguro.

▶ Os *cosplayers* se fantasiam usando, como referência, personagens de animes, mangás e *video games*. Em geral, eles produzem a própria vestimenta, com a ajuda de familiares. Isso permite que adultos, adolescentes e crianças participem juntos desse processo, o que cria vínculos entre eles; gerando, em alguns casos, uma cultura familiar.

O autocuidado se relaciona com o autoacolhimento: aceitar as próprias qualidades, limitações, habilidades, inseguranças e medos. Autocuidado é acolher o próprio corpo, sentimentos, sonhos e desejos para formar uma imagem positiva de si mesmo, buscando um crescimento harmônico e confiante.

Para cuidar de si, é preciso também prestar atenção às pessoas que nos cercam, tratá-las com respeito e cativar aquelas que nos fazem bem.

AMPLIANDO O CONHECIMENTO
Filosofia

Lao-Tsé, filósofo chinês, viveu possivelmente entre os séculos IV a.C. e III a.C. Desenho colorido, século XVIII.

Templo de Atenas, Grécia.

A busca por autoconhecimento estimulou grandes sábios. Na China Antiga, por exemplo, Lao-Tsé, considerado fundador do taoísmo, construiu um sistema importante de valores e moral.

Para estudiosos do taoísmo, conhecer a si mesmo significa saber a origem dos próprios pensamentos, das emoções e das ações que pratica no mundo por meio da meditação e da reflexão, por exemplo. Eles também consideram que ter força é diferente de ser forte – esta última é a qualidade de quem é capaz de controlar os próprios desejos e apegos interiores.

A busca de autoconhecimento também era importante para a sociedade grega, que contribuiu muito para a construção dos valores morais da sociedade ocidental contemporânea. Na cidade grega de Delfos havia um templo dedicado ao deus Apolo que funcionava como **oráculo**. Acreditava-se que as sacerdotisas do templo faziam previsões e consultavam o oráculo para responder às perguntas dos devotos. Diz-se que, no portal do templo, lia-se a frase: "Conhece a ti mesmo".

Oráculo: pode ser compreendido como previsão do futuro, a pessoa ou entidade que faz essa previsão, ou o local onde a previsão era feita.

1. Com base no texto, identifique situações nas quais é necessário ter força para vencer as próprias limitações.

2. Como o autoconhecimento o ajuda a vencer seus limites e os obstáculos?

PARA LER E REFLETIR

Tudo, todos e o todo

Somos feitos de barro e de fogo e por isso somos o desejo e o amor.

Fomos feitos de terra e de água e assim somos eternos como a vida e somos passageiros como a flor.

Somos a luz, a sombra, o claro, a escuridão, a memória de Deus, a história e a poesia.

Somos o espaço e o tempo, a casa e a janela

e a noite e o dia, e o sol e o céu e o chão.

Somos o silêncio e o som da vida.

O estudo, a lembrança e o esquecimento.

Somos o medo e o abandono.

A espera somos nós e somos a esperança.

[...]

Somos o perene e o momento, a pedra e o vento, a energia e a paz, a vida criada e o criador.

Somos o mundo que sente e, irmãos da vida, somos a aventura de ser vida e sentimento.

E assim em cada ave que voa há nossa alma, e em cada ave que morre, a nossa dor.

BRANDÃO, Carlos Rodrigues. *O jardim de todos.* Campinas: Autores Associados, 2007. p. 71.

1. O texto mostra que somos um misto de valores, sentimentos, emoções e contradições. Relacione essa ideia ao tema do diálogo.

Primeiro Momento | Valores essenciais para conhecer-se e ter autocuidado

MOMENTO DE REFLEXÃO

1. Cite seus maiores valores ou virtudes e explique como chegou a essa conclusão.

2. Em sua opinião, sua presença na vida das pessoas que convivem com você é enriquecedora ou precisa ser melhorada em alguns aspectos? Em quais?

3. Leia abaixo o recado deixado por um adolescente para seus pais, extraído do livro de Tania Zagury, *O adolescente por ele mesmo*. Depois, faça o que se pede.

> Mais do que palavras, suas atitudes é que nos levarão a confiar-lhes os nossos mais terríveis medos. E mais que palavras, seus gestos, o olhar atento, a confiança em nós e sua disponibilidade é que nos farão sentir protegidos e livres das ameaças e chantagens de quem quer que seja.
> [...]
>
> ZAGURY, Tania. *O adolescente por ele mesmo*. 17. ed. Rio de Janeiro: Record, 2012. p. 237.

a) Explique quais são as principais transformações socioemocionais na adolescência.

4. No caderno, escreva um pequeno texto contando aos adultos como você gostaria de ser tratado.

16

DINÂMICA DE **GRUPO**

Caráter: conjunto de traços psicológicos que determinam a índole e a moral de uma pessoa; firmeza moral; honestidade.

Temperamento: conjunto de traços psicológicos e morais de uma pessoa que determinam sua índole, seu modo de ser e de agir.

Às vezes, as pessoas ao nosso redor percebem em nós características que não enxergamos; por exemplo, traços de personalidade, **temperamento** e **caráter**. É preciso aprender a olhar no espelho e ver o que temos de melhor, tanto no exterior como no interior.

Agora você fará a dinâmica da imagem. Siga as orientações do professor; ao término da atividade, responda: O que você aprendeu?

COMPROMISSO DA SEMANA

Meu compromisso da semana é dedicar tempo para me olhar no espelho e valorizar a pessoa que sou.

MEUS **PENSAMENTOS**

Anote aqui o que mais marcou você durante as reflexões deste diálogo. É possível que tenha sido uma ideia, um desejo, um sentimento, uma descoberta, uma proposta...

Caso queira, aproveite a oportunidade e ilustre seus sentimentos.

Primeiro Momento | Valores essenciais para conhecer-se e ter autocuidado **17**

DIÁLOGO 02
O valor da autenticidade

► Ser autêntico é uma busca profunda, especialmente durante a adolescência. Para alcançar a autenticidade, é necessário tempo para o autoconhecimento.

Autenticidade e sinceridade

Ética: disciplina da Filosofia que estuda o bem agir. Conjunto de regras sociais e valores de uma sociedade.

Sinceridade é a qualidade de sermos verdadeiros quando dizemos e fazemos algo. Ela estabelece uma relação de coerência entre o que sentimos e o que comunicamos ao mundo.

Ser sincero está relacionado com os valores morais, ou seja, com a **ética**. Jean Jacques Rousseau, filósofo francês do Iluminismo, dizia que o homem é bom em sua natureza, mas a sociedade é capaz de corrompê-lo. Assim, se você quer se desenvolver como uma pessoa sincera, é importante não se deixar influenciar pelos exemplos negativos da sociedade. Busque cotidianamente ser verdadeiro com você mesmo e com os outros.

Autenticidade é uma qualidade que nos ajuda a adequar nossos sentimentos, pensamentos e ações à nossa identidade e aos nossos valores. Ser autêntico significa agir de acordo com aquilo que acreditamos, garantir que somos o que dizemos ser. Isso é ser coerente e verdadeiro consigo mesmo.

Muitas pessoas acreditam que, por sempre dizerem o que pensam, são autênticas. Contudo, não é bem assim: elas somente serão autênticas se suas atitudes forem guiadas por valores em todas as circunstâncias. Assim, devemos conhecer nossos desejos e vivenciá-los, mas sempre respeitando as pessoas e tendo cuidado com elas.

Autenticidade e escolhas

Otakus são pessoas apaixonadas por animação e histórias em quadrinhos japoneses. Os *otakus* se reúnem em eventos e se fantasiam de personagens, além de difundirem a cultura japonesa por meio de músicas, jogos e apresentações.

Viver de forma autêntica envolve fazer escolhas. Em alguns momentos, é possível que grupos ou pessoas esperem que você tenha valores, hábitos e atitudes que não são seus. Ser autêntico significa manter-se fiel àquilo em que você acredita, com respeito e sensibilidade, e não se deixar desviar sem que haja um bom motivo para isso.

Ser uma pessoa autêntica é se esforçar para ser genuíno, verdadeiro consigo mesmo e com os outros. É viver o que você diz ser, seguir a voz do próprio coração. Não é fácil, mas vale a pena!

MOMENTO de PROSA

01 Analise as imagens das páginas duplas. O que as pessoas comunicam por meio de sua postura e vestimenta?

02 Qual é a relação entre a forma de se vestir das pessoas e o tema deste diálogo?

AMPLIANDO O CONHECIMENTO
Psicologia

Para Freud, médico neurologista e psiquiatra e criador da psicanálise, o autoconhecimento é a cura para a alma, porque é assim que podemos descobrir dentro de nós a melhor maneira de lidar com as angústias e encontrar uma forma autêntica de viver.

Na teoria freudiana, a mente humana se divide em três instâncias: Id, Ego e Superego.

▶ Sigmund Freud foi um médico neurologista e psiquiatra que morou na Áustria quase toda a sua vida (aproximadamente 83 anos).
A teoria freudiana explica que o comportamento humano é influenciado por motivações inconscientes provenientes de experiências da infância, especificamente relacionadas com o amor, a perda, a sexualidade e a morte.

O Id é parte de nosso inconsciente. É formado por nossos desejos e instintos mais primitivos, por exemplo: comer somente alimentos saborosos e calóricos, sentir raiva quando somos contrariados e o hábito de priorizar situações de prazer, como escolher passar o tempo com os amigos em um domingo, mesmo sabendo que terá prova na segunda-feira.

O Ego é a forma pela qual nos apresentamos à sociedade. É nossa porção que tenta mediar situações de prazer e de desprazer, é a parte mais consciente, que escolhe comer frutas em vez de tomar sorvete e decide prestar atenção na aula enquanto o professor explica o assunto.

O Superego é nossa porção inconsciente, em que estão guardados nossos valores, expectativas, regras, normas e a moral. É ele quem exige do Ego que faça escolhas acertadas e justas.

Esses processos fazem parte de quem somos e recebem o nome de **subjetividade**: a forma única e autêntica pela qual vivenciamos nossas relações pessoais, emoções e nos relacionamos com toda a sociedade.

PARA LER E REFLETIR

Autenticidade é algo pessoal, relacionada à natureza de cada um, suas vivências, experiências e valores. É algo que se constrói, uma conquista diária.

O pilar da atitude

O pastor e educador americano Charles Swindoll dizia que a atitude certa era o segredo para aproveitarmos as oportunidades que a vida põe em nosso caminho.

[...]

Quanto mais tempo eu vivo, mais percebo o impacto da atitude na vida. Para mim, ela é mais importante que os fatos. É mais importante que o passado, a educação, o dinheiro, as circunstâncias, o fracasso, os sucessos, e aquilo que as outras pessoas pensam, dizem ou fazem. É mais importante que a aparência, o talento e a habilidade [...]. O mais extraordinário é que temos escolha todos os dias em relação à atitude que vamos adotar. Não podemos alterar o passado nem o modo como as pessoas vão agir. Não podemos mudar o inevitável. Podemos apenas jogar com o que temos, e o que temos é nossa atitude. Estou convencido de que a vida é 10% o que me acontece e 90% o modo como eu reajo a esses acontecimentos.

A atitude é o árbitro que decide entre o triunfo ou o fracasso de nossas ações.

SWINDOLL, Charles. O pilar da atitude. *In*: PERCY, Allan. *Tudo é possível*: 75 caminhos para sair da mesmice e mudar sua vida. Tradução: Mônica Baña. Rio de Janeiro: Sextante, 2013. p. 101.

Ainda sobre a sinceridade, leia o que diz a Bíblia:

A boca sincera aplaca o ódio, mas quem espalha a calúnia é insensato.

PROVÉRBIOS. *In*: BÍBLIA SAGRADA. Edição pastoral. São Paulo: Paulus, 1990. p. 800.

1. Por que o autor Charles Swindoll defende que a atitude é mais importante do que a educação, o dinheiro, o passado, o fracasso, o sucesso, a aparência, o talento e a habilidade? O que ele quer dizer com isso?

2. O autor afirma, também, que a vida é 10% o que acontece conosco e 90% o modo como reagimos a esses acontecimentos. Em seu caderno, explique essa afirmação e dê um exemplo de como aplicá-la no cotidiano.

Primeiro Momento | Valores essenciais para conhecer-se e ter autocuidado

AMPLIANDO O CONHECIMENTO
História

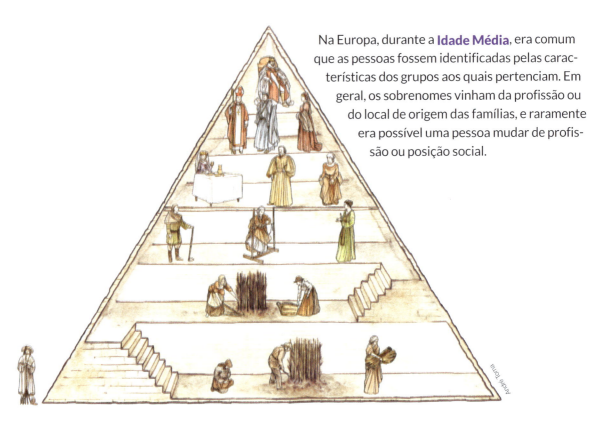

Na Europa, durante a **Idade Média**, era comum que as pessoas fossem identificadas pelas características dos grupos aos quais pertenciam. Em geral, os sobrenomes vinham da profissão ou do local de origem das famílias, e raramente era possível uma pessoa mudar de profissão ou posição social.

Os livros também eram raros; o mais comum era que cada mosteiro ou igreja tivesse a cópia de uma parte da Bíblia, e a maioria das pessoas era analfabeta. Assim, nos raros casos em que se praticava a leitura, era feita em voz alta para o público.

▶ Juan de Borgoña. *São Gregório e Santo Agostinho*, c. 1510. Têmpera e ouro sobre tela, 86 cm × 118 cm.

Era Moderna: período da História que vai de 1453, com a tomada de Constantinopla pelos turco-otomanos, até 1789, início da Revolução Francesa.

Idade Média: período da História entre os séculos V e XV. Inicia-se com a queda do Império Romano do Ocidente e termina durante a transição para a Era Moderna.

Imprensa: a arte e a prática de imprimir.

Essa situação mudou com a invenção da **imprensa** e o início do hábito da leitura silenciosa. Com a impressão de grande quantidade de textos mais rapidamente e com menor custo, ao longo da **Era Moderna** a Europa produziu muitos panfletos, jornais, livros filosóficos, livros religiosos e romances, entre outros. Aos poucos, a leitura se tornou uma atividade comum até entre as classes mais baixas da população.

Com a expansão da leitura individual, inaugurou-se a leitura reflexiva, que permitia a quem lia tirar as próprias conclusões dos temas estudados.

▶ *Descoberta da arte de prensar por Johannes Gutenberg em 1440. Litografia.*

Por causa dessa e de outras mudanças, na Era Moderna foi criado o conceito de individualidade. Na leitura, na religião e na política, tornou-se comum que cada um desenvolvesse a própria opinião sobre os assuntos. Lentamente, aumentaram as possibilidades, em todo o mundo, de as pessoas escolherem sua profissão, suas crenças e posições políticas, de acordo com os próprios valores e preferências.

1. Explique as influências que você considera (da mídia, da família, dos amigos) para formar sua opinião em relação a algum assunto.

MOMENTO DE REFLEXÃO

1. Você concorda que nossas atitudes contribuem para nosso sucesso ou fracasso? Justifique sua resposta.

2. Quais as vantagens de ser uma pessoa autêntica?

3. Leia a frase a seguir e, na sequência, faça o que se pede.

Ser apenas você mesmo em um mundo que está fazendo o máximo, dia e noite, para torná-lo como os outros significa lutar a batalha mais difícil que qualquer ser humano pode lutar.

CUMMINGS, Edward Estlin. *A poet's advice to students*. 1955. (Tradução nossa).

a) Reescreva, com suas palavras, a frase de Cummings, poeta norte-americano.

b) Em sua opinião, de que maneira o mundo está constantemente tentando transformá-lo em outra pessoa?

c) E o mundo consegue alcançar o objetivo? Explique sua resposta.

MOMENTO DE **ATENÇÃO PLENA**

Vamos relembrar como praticar a atenção plena. Essa técnica propõe o domínio de nossa capacidade de prestar atenção e de experimentar uma conexão com nossos sentidos. Entre os benefícios da prática, estão o desenvolvimento do autoconhecimento e o controle emocional e da ansiedade.

O primeiro passo é aprender a parar. Estamos constantemente envolvidos em atividades e a mente está sempre ocupada com pensamentos. Assim, não conseguimos perceber nossos sentimentos em cada experiência.

Para essa vivência, siga as orientações do professor.

COMPROMISSO DA SEMANA

Meu compromisso, nesta semana, é ser verdadeiro comigo e com os outros. Prestarei atenção ao que digo, observando se estou sendo sincero. Ao final de cada dia, vou anotar em quais situações senti que não fui fiel ao meu compromisso.

MEUS **PENSAMENTOS**

Anote aqui o que mais marcou você durante as reflexões deste diálogo. É possível que tenha sido uma ideia, um desejo, um sentimento, uma descoberta, uma proposta...

Se quiser, aproveite a oportunidade e ilustre seus sentimentos.

Primeiro Momento | Valores essenciais para conhecer-se e ter autocuidado

DIÁLOGO 03
Autoestima é vida!

▶ O padrão é uma construção social que pode aprisionar. O amor próprio e a autoaceitação potencializam as conquistas e as possibilidades de felicidade.

O autoconhecimento e a autoaceitação

Cada pessoa conta com um conjunto de habilidades e competências que a faz especial e única. Algumas pessoas são reconhecidas por sua organização e alegria, outras pela personalidade amável e pela facilidade de se relacionar com os outros. As habilidades são infinitas!

Reconhecer essas diversas habilidades e valores e buscar aprimorar os talentos são tarefas louváveis que possibilitam o progressivo amadurecimento e autoaperfeiçoamento. Apesar disso, ser bom em tudo é impossível!

MOMENTO de PROSA

01 Para você, o que significa autoaceitação?

Lidando com as cobranças no dia a dia

Às vezes, parece que o mundo cobra de nós mais do que somos capazes de oferecer.

Nossos pais e professores, por exemplo, desejam que nos saiamos bem em todas as provas. Os colegas que praticam esportes conosco esperam que tomemos a melhor decisão quando nos "passam a bola"... Com tantas expectativas, podemos nos sentir especialmente diminuídos quando alguém faz comparações que nos deixam em desvantagem, como: Por que você não é como Pedro, que sempre estuda? Por que você não é como Júlia, que sempre deixa a cama arrumada antes de sair de casa?

▶ Para muitos adolescentes, a aceitação da autoimagem é um grande desafio. Busque diminuir o excesso de autocrítica, você está em uma fase de transição.

Além das cobranças externas, é comum nos sentirmos mal em relação a nosso corpo. Acostumados a ver celebridades na televisão, nas redes sociais, na internet e nas embalagens de produtos, começamos a acreditar que nosso corpo não é o ideal, que está inadequado.

Precisamos perceber e distinguir que, muitas vezes, a pressão que nos oprime e a necessidade que sentimos de ser diferentes do que somos vêm de dentro, e não de fora. É comum fantasiarmos que todos esperam de nós mais do que temos para oferecer ou mais do que somos.

Nesse sentido, é importante o autoconhecimento, reconhecer quando estamos nos pressionando para ser alguém que não precisamos, quando nos forçamos a mudar para atingir ideais externos, autoexigências excessivas, metas e objetivos fantasiosos e inalcançáveis, que acabam com nossa autoestima.

Primeiro Momento | Valores essenciais para conhecer-se e ter autocuidado   **27**

AMPLIANDO O CONHECIMENTO
Psicologia

A autoestima é essencial na formação da personalidade. É um modo de autoamor, sentir satisfação com nossas qualidades e, ao mesmo tempo, reconhecer nossas limitações, fraquezas e pontos nos quais ainda precisamos melhorar.

A autoestima pode ser compreendida como o respeito que temos pela pessoa que somos ou estamos buscando ser. Afinal, nosso potencial de realizações é imenso!

▶ O modo pelo qual nos enxergamos contribui para a construção da mensagem e da imagem que passamos para aqueles com quem convivemos.

A formação da autoestima

Muitos fatores contribuem para nossa autoestima, que se desenvolve ao longo da vida. A maioria deles está relacionada ao ambiente em que vivemos e à maneira que fomos tratados, principalmente durante a infância e a adolescência. A influência de outras pessoas é determinante nesse processo.

Dependendo do tratamento recebido, positivo ou negativo, aprendemos a nos querer bem, a nos valorizar e respeitar ou, ao contrário, aprendemos a sentir que somos incapazes e passamos a nos rejeitar.

Mas não se assuste! Em qualquer idade é possível aprender a nos amarmos e acreditarmos em nós mesmos, processos fundamentais para que sejamos felizes.

▶ Cercar-se de pessoas que nos fazem bem é uma das chaves para manter a autoestima.

PARA LER E REFLETIR

Em todo o Universo não existe ninguém que seja exatamente igual a mim. Eu sou eu e tudo o que eu sou é único. Eu sou responsável por mim mesma, tenho tudo aquilo de que preciso aqui e agora para viver plenamente.

Posso optar por manifestar o melhor de mim mesma, escolher amar, ser competente, descobrir um sentido para a minha vida e uma ordem para o Universo, posso decidir me desenvolver, crescer e viver em harmonia comigo mesma, com os outros e com Deus. Sou digna de ser aceita e amada exatamente como eu sou, aqui e agora. Eu me amo e me aceito, escolho viver plenamente, todos os dias da minha vida.

SATIR, Virginia. *In*: POLETTI, Rosette; DOBBS, Barbara. *Caderno de exercícios para aumentar a autoestima*. Petrópolis: Vozes, 2010. p. 5.

1. Leia o texto e grife as ideias que, em sua opinião, expressam melhor o significado de autoestima.

2. Quando se olha no espelho, você gosta de sua imagem? Justifique sua resposta.

3. Sublinhe no texto o conjunto de afirmações que nos possibilitam melhorar a autoestima.

4. Para você, por que a autoestima é vital para o ser humano?

Primeiro Momento | Valores essenciais para conhecer-se e ter autocuidado

AMPLIANDO O CONHECIMENTO
Psicologia

Autoconfiança

[...] Minha autoconfiança é perdida quando me esqueço de quem sou, quando me esqueço Dele e quando não sigo o caminho fácil que Ele traçou para manter-me fora do caminho de prejuízo e dano. Estar em contato com minha própria bondade traz fé em mim mesmo, relembra-me de minha dignidade verdadeira, meu destino elevado e o alto valor de minha vida. Quando estou prestando atenção ao eu, empenhando-me para alcançar a perfeição e para preencher-me com Seu amor que me foi dado para servir aos outros, permaneço livre de insegurança. Autoconfiança é meu direito de nascimento.

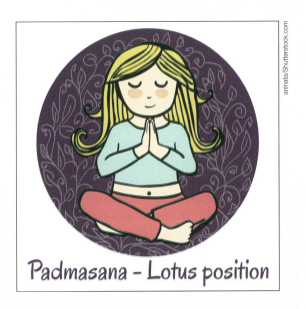

KUMARIS, Brahma. *In*: COYOTE, Kiran. *As virtudes divinas*. São Paulo: Brahma Kumaris, 2017. p. 122.

1. Explique o que você tem feito para aumentar o contato consigo.

2. Desenhe um símbolo que, para você, represente a autoconfiança e a autoestima.

MOMENTO DE REFLEXÃO

1. Em sua opinião, a maneira pela qual você é tratado por seus familiares e pelos colegas influencia sua autoestima? Justifique sua resposta.

2. Você está satisfeito com sua vida, no papel de filho, de estudante, de colega e de amigo? Caso tenha alguma insatisfação, o que precisa mudar para que você se sinta ainda mais realizado?

3. Você já foi comparado com outras pessoas em uma situação de desvantagem? Qual é sua opinião a respeito desse hábito?

4. Você já se pegou comparando a si mesmo com outros colegas? Quais inseguranças ou dúvidas influenciaram essa comparação?

5. Sobre a autoestima, escreva **V** nas afirmações verdadeiras e **F** nas falsas.

a) (   ) Ser comparado com os outros pode causar muitas feridas emocionais.

b) (   ) O autoconhecimento atrapalha a autoestima, pois, quanto mais eu me conheço, mais vejo meus defeitos.

c) (   ) A autoestima é o princípio da realização pessoal, porque contribui para a valorização de habilidades.

d) (   ) As redes sociais, que são utilizadas exclusivamente para mostrar momentos felizes, podem contribuir para reduzir minha autoestima.

e) (   ) Minhas atitudes pessoais não interferem na autoestima das outras pessoas: o amor próprio depende exclusivamente de cada um.

O QUE FAZ A **DIFERENÇA**

É muito importante que você desenvolva sua autoestima e, ao mesmo tempo, perceba as qualidades das pessoas que estão a seu redor e ajude-as a enxergar as próprias habilidades e valores.

Dessa maneira, você contribuirá para a valorização da identidade e da felicidade delas.

Anorexia: transtorno alimentar caracterizado por medo intenso de engordar e preocupação exagerada com o peso. A pessoa anoréxica se vê obesa mesmo que esteja muito magra. O excessivo medo de engordar leva a pessoa a fazer dietas inadequadas, jejuns e praticar exercícios físicos intensamente.

Bulimia: transtorno alimentar que leva a pessoa a abusar da quantidade de alimentos e logo em seguida provocar o vômito ou utilizar outros recursos, como tomar laxantes, para impedir o ganho de peso. Também é comum que uma pessoa bulímica passe longo período sem se alimentar ou pratique exercícios físicos excessivamente para queimar calorias.

▶ É importante fazer o possível para que as pessoas à sua volta também se sintam bem consigo mesmas.

Lembre-se: às vezes, a busca pela perfeição pode ser indício de doenças como a **bulimia** e a **anorexia**, que podem ser desencadeadas por uma percepção negativa da autoimagem.

Por isso, é muito importante incentivar e apoiar nossos colegas em seus processos de autoconstrução, pois, assim, podemos ajudá-los em possíveis problemas de autoimagem.

Estarmos atentos a nós e àqueles que queremos bem significa:

- autorrespeito;
- autocuidado;
- generosidade;
- empatia e busca do direito de viver bem e com saúde.

DINÂMICA DE GRUPO

Agora, faremos a dinâmica EU SOU UM SUPER-HERÓI. Para isso, siga as instruções.

1. Reflita sobre todos os seus valores e suas habilidades. Busque tudo de bom e bonito que há dentro de você.

2. Em uma folha de sulfite, faça um desenho e um pequeno texto para descrever seus pontos fortes, sua beleza, sua inteligência, seu amor à vida, sua bondade, sua determinação, sua coragem etc. e o que você faria por você e pelas pessoas, se possuísse superpoderes. Neste momento você é um super-herói!

3. Leia para os colegas o que você registrou.

4. Encerrada a dinâmica, comente com o professor e os colegas o que a atividade significou para você.

COMPROMISSO DA SEMANA

Nesta semana, meu compromisso é me olhar no espelho todas as manhãs e repetir a frase: Eu me amo, eu me aceito como sou e escolho viver plenamente o dia de hoje.

MEUS PENSAMENTOS

Anote aqui o que mais marcou você durante as reflexões deste diálogo. É possível que tenha sido uma ideia, um desejo, um sentimento, uma descoberta, uma proposta...

Caso queira, aproveite a oportunidade e ilustre seus sentimentos.

Primeiro Momento | Valores essenciais para conhecer-se e ter autocuidado

DIÁLOGO 04
Autodomínio: habilidade fundamental

▶ Desenvolver o autodomínio melhora nossa relação com o próximo e conosco.

O autodomínio no cotidiano

Você já percebeu que as pessoas vivem nervosas e brigam por motivos pequenos? No trânsito, por exemplo, muitos se comportam com impaciência, intolerância e descontrole.

O autodomínio é um valor essencial, sobretudo porque com ele podemos:

- ser pessoas mais respeitosas e gentis com os outros;
- vencer os contratempos e obstáculos próprios do dia a dia com uma postura tolerante e compreensiva;
- agir com mais serenidade diante de problemas graves, provocações e frustrações;
- agir mesmo sob pressão;
- enfrentar os problemas e encontrar soluções mais acertadas.

Para ter autodomínio, é fundamental desenvolver profundo **autoconhecimento** e reforçar interiormente a confiança nos valores próprios.

Em geral, pessoas que conhecem bem a si mesmas são mais seguras, confiantes e não perdem o controle facilmente. O autoconhecimento e o autodomínio caminham juntos.

▶ A comida é essencial para a manutenção e preservação do nosso corpo. É dela que tiramos energia, vitaminas e muitos compostos químicos importantíssimos, mas muitas pessoas usam-na para aliviar dores emocionais, e esse comportamento é muito prejudicial à saúde.

▶ Comer de forma saudável e equilibrada contribui para o bom funcionamento do corpo e evita problemas como excesso de peso, açúcar e gordura no sangue. Uma alimentação saudável tem potencialidade, até mesmo, para regular hormônios responsáveis pelo bem-estar.

▶ Uma conversa sincera e respeitosa pode contribuir para a resolução de muitos nos nossos problemas. Tente conversar em vez de julgar ou atacar, explique de forma clara seus sentimentos em relação ao problema e ouça o que a outra pessoa tem a dizer.

▶ O autodomínio nos possibilita viver e agir de forma mais gentil conosco e com o outro, o que resulta em experiências respeitosas e engrandecedoras.

MOMENTO de PROSA

01 Para você, qual é a importância de ter domínio sobre si mesmo?

02 Qual é o caminho para conquistar o autodomínio?

AMPLIANDO O CONHECIMENTO

Psicobiologia

Fisiológico: relativo às funções normais do organismo, como os batimentos cardíacos.

Glicose: substância que constitui a principal fonte de energia para os seres vivos.

Hormônio: substância produzida pelos seres vivos que provoca efeitos no organismo, por exemplo, a adrenalina.

Sistema imunológico: estrutura e processo biológico que protege o organismo das doenças.

O autodomínio é importante para evitar o estresse e o descontrole emocional, que podem causar adoecimentos.

O estresse é uma reação do cérebro a situações consideradas ameaçadoras. A contínua exposição a situações estressantes causa diversas reações **fisiológicas**.

Quando somos expostos a uma situação considerada de risco, vários **hormônios** são liberados na corrente sanguínea, como a adrenalina e a noradrenalina, que estimulam reações físicas e psicológicas.

Caso a situação de estresse se prolongue, o corpo entra em uma fase de reação chamada de adaptação ou resistência. Nesse momento, são liberados hormônios que aumentam a taxa de **glicose** no sangue, dando mais energia ao organismo durante esse período. Por isso ficamos ansiosos.

A exposição ainda mais prolongada a situações de estresse pode nos levar a uma terceira fase, chamada de exaustão ou esgotamento.

Nesse momento, pode ocorrer falha do **sistema imunológico**, tornando-nos mais suscetíveis a doenças. Os sintomas desse estado são perda de concentração, piora da memória, dificuldade de planejar, tomada de decisões apressada, redução do poder de crítica e confusão mental.

Torna-se mais difícil relaxar a musculatura e se afastar das preocupações. Além disso, pode haver mudanças na personalidade – pois a ansiedade é amplificada –, explosões emocionais e o sentimento de desamparo. O resultado é a sensação de inutilidade e incompetência.

O conjunto dessas reações mantém nosso corpo em estado de alerta e, assim, ficamos prontos para fugir ou atacar. Nosso corpo desenvolveu esse mecanismo para aumentar nossas chances de sobrevivência em ambiente hostil. Entretanto, ainda hoje temos esse tipo de reação em relação a acontecimentos sociais ou afetivos. Assim, preocupações com a família, o trabalho, a escola, os amigos, o passado e o futuro tornaram-se fontes de estresse para o corpo.

A boa notícia é que é possível controlar o nível de estresse para evitar esses sintomas.

Respirar lenta e profundamente, praticar esportes, dormir bem, ouvir uma boa música, conversar com os amigos são alguns dos hábitos que nos ajudam a manter o bem-estar e evitar o estresse.

SINTOMAS DO ESTRESSE: insônia, dores de cabeça, dentes rangendo, garganta seca, fadiga, dor no peito, falta de ar, taquicardia, pressão alta, indigestão, constipação ou diarreia, transpiração exagerada, dores musculares.

Christiane S. Messias

PARA LER E REFLETIR

Um colunista conta uma história em que acompanhava um amigo a uma banca de jornais.

"O amigo cumprimentou o jornaleiro amavelmente, mas como retorno recebeu um tratamento rude e grosseiro.

Pegando o jornal que foi atirado em sua direção, o amigo do colunista sorriu polidamente e desejou um bom fim de semana ao jornaleiro.

Quando os dois amigos desciam pela rua, o colunista perguntou:

– Ele sempre trata você com tanta grosseria?

– Sim, infelizmente foi sempre assim...

– E você é sempre tão polido e amável com ele?

– Sim, procuro ser.

– Por que você é tão educado, já que ele é tão grosseiro com você?

– Porque não quero que ele decida como eu devo agir."

RANGEL, Alexandre. *As mais belas parábolas de todos os tempos.* Petrópolis: Vozes, 2015. v. I, p. 88.

1. No texto, sublinhe a frase que resume a mensagem dessa parábola e registre suas conclusões aqui.

_____

_____

_____

_____

2. No texto, pinte de verde a frase que evidencia o momento em que o amigo do colunista mostra equilíbrio e autodomínio.

3. Se você fosse o amigo do colunista, qual seria sua atitude diante da postura do jornaleiro?

_____

_____

_____

_____

4. Reflita por alguns instantes e, no caderno, registre duas situações em que lhe faltou autodomínio e equilíbrio para vencer um desafio. Se quiser, compartilhe-as com os colegas.

Primeiro Momento | Valores essenciais para conhecer-se e ter autocuidado

MOMENTO DE REFLEXÃO

1. Em geral, como você reage quando um pedido seu é negado?

2. Em geral, como você reage quando alguém não concorda com suas ideias?

3. Em geral, como você reage quando alguém critica seu comportamento ou trabalho?

4. Em sua opinião, em que aspectos de sua vida é necessário melhorar o autodomínio?

5. Encontre no diagrama de palavras termos relacionados ao tema deste diálogo.

```
A U T O C O N F I A N Ç A V P O L A Q W E V T B N M Y U I U I K L O L P
A Q W E D R R A T T Y B A C D E R T B N M H Y U W A A U T O E S T I M A
E G A F T G D Q M K L G F T J Y A Z X Q S P O L G J T B G S H N F E A Q
S F Q V A S A U T O C O N H E C I M E N T O A A U T E N T I C I D A D E
Q K L P O M Q D D S Q G E B A C X Q F T H N J M R G Y J Q D W B Q S A F
R E A L I Z A Ç Ã O Q J R B Q D A A X Q G V R H N P L G Q S X W F Q G G
```

38

PENSE NISSO

Quem aceita a disciplina caminha para a vida; quem despreza a correção se extravia.

PROVÉRBIOS. *In*: BÍBLIA SAGRADA. Edição pastoral. São Paulo: Paulus, 1990. p. 800.

MOMENTO DE ATENÇÃO PLENA

Em duplas, sentem-se no chão, um de frente para o outro. Coloquem as mãos atrás da cabeça e sigam as instruções do professor.

Toda vez que um de vocês errar o comando do professor, a dupla perde um ponto, e ganha um ponto a dupla que pegar o objeto primeiro seguindo a orientação do professor.

Ganha a brincadeira a dupla que fizer mais pontos.

COMPROMISSO DA SEMANA

Durante esta semana, meu compromisso será ficar atento a meus sentimentos. Quando estiver irritado, vou tentar descobrir o porquê. Antes de ser agressivo com colegas ou familiares, vou dizer: "Hoje não estou em um bom dia. Podemos conversar sobre isso em outra hora?".

Quando estiver me sentindo incomodado em um ambiente, tentarei ir para um lugar em que me sinta bem. Dessa maneira, vou assumir o controle de minhas emoções.

MEUS PENSAMENTOS

Anote aqui o que mais marcou você durante as reflexões deste diálogo. É possível que tenha sido uma ideia, um desejo, um sentimento, uma descoberta, uma proposta...

Caso queira, aproveite a oportunidade e ilustre seus sentimentos.

Primeiro Momento | Valores essenciais para conhecer-se e ter autocuidado

DIÁLOGO 05
Caráter: valor que define quem somos

▶ Viver de forma ética e generosa viabiliza boas relações e o sentimento de profunda satisfação pessoal. Fazer o bem é bom para quem faz e para quem recebe.

Caráter e reputação

Entre os vários significados para a palavra **caráter**, encontramos: índole, temperamento, qualidade **distintiva**. Já **reputação** significa fama, opinião pública favorável ou desfavorável, renome.

O caráter é a maneira de uma pessoa agir, são seus valores éticos e morais, a capacidade de proteger-se quando colocada à prova. Sua formação começa na primeira infância, sob a influência da família e das outras pessoas com as quais convivemos.

O caráter é fruto de nosso aprendizado diário, é como uma semente que precisa ser cuidada todos os dias para que se desenvolva forte e saudável e resista às contradições da vida.

Em geral, queremos o sucesso. Queremos ser valorizados e admirados, queremos ser felizes. Entretanto, tudo isso só terá sentido se, junto com todo o empenho para alcançarmos **êxito**, prosseguirmos com dedicação na construção de nosso caráter.

De maneira geral, podemos dizer que ser uma pessoa de caráter contribui para construir uma boa reputação. Uma boa reputação, por sua vez, abre portas para a realização pessoal e para o sucesso na vida profissional.

Distintivo: aquilo que mostra a diferença.

Êxito: resultado bem sucedido; quando se obtém sucesso.

40

PARA LER E REFLETIR

As circunstâncias [nas] quais você vive determinam sua reputação.

A verdade em que você acredita determina seu caráter.

A reputação é o que acham que você é.

O caráter é o que você realmente é...

A reputação é o que você tem quando chega a uma comunidade nova.

O caráter é o que você tem quando vai embora...

A reputação é feita em um momento.

O caráter é construído em uma vida inteira...

A reputação torna você rico ou pobre.

O caráter torna você feliz ou infeliz...

A reputação é o que os homens dizem de você junto à sua sepultura.

O caráter é o que os anjos dizem de você diante de Deus.

DAVIS, William Harsey. *In*: CARVALHO, Madalena. *Histórias e fábulas para treinamento*. Joinville: Clube de Autores, 2009. p. 88-89.

1. Sublinhe no texto as definições de caráter.

2. Explique a frase: "O caráter é o que os anjos dizem de você diante de Deus".

_____

_____

_____

_____

3. Elabore uma frase para explicar o que é caráter.

_____

_____

_____

4. Para você, quais são os valores essenciais que constituem o caráter?

Primeiro Momento | Valores essenciais para conhecer-se e ter autocuidado   **41**

O QUE FAZ A **DIFERENÇA**

▶ A construção do caráter é como uma peça feita pelo oleiro. Ele vai sendo moldado aos poucos com dedicação, atenção e muito cuidado para que os "fatores internos e externos" não destruam sua estrutura, sua estética, sua beleza e seu valor.

Confiança e reputação

É comum ouvir que a confiança e a reputação demoram anos para serem construídas, mas apenas instantes para serem destruídas. Às vezes, uma ação impensada em determinado momento pode ser suficiente para mudar radicalmente a opinião de alguém sobre nós. Quando cometemos erros grosseiros, às vezes as pessoas mais próximas chegam a dizer que já não nos reconhecem ou não sabem se podem continuar confiando em nós.

Todos nós estamos sujeitos a cometer erros, e quase sempre é possível corrigi-los. Para isso, é necessário usar todo nosso **potencial humano**.

O primeiro passo é manter a autoestima: lembre-se de que você é uma pessoa de valor, tem bom caráter, boa índole. Para reverter a situação, recorra ao que você aprendeu e construiu de bom no dia a dia.

O segundo passo é agir com humildade: reflita sobre o erro que cometeu. O que aconteceu? Por que agiu de maneira equivocada? O que pode ser feito para amenizar a situação? E procure corrigir seu erro.

Potencial humano: conjunto de sonhos, aspirações e possibilidades que um ser humano pode alcançar com esforço, orientação, conhecimento e persistência adequados.

42

▶ Perdoar alivia o coração, traz paz interior e proporciona uma nova chance para as relações de afeto, como amizade e laços familiares.

▶ Quando cometemos um erro, devemos tomar o cuidado de repensarmos nossa atitude, analisarmos com cautela o fato e não agirmos de maneira precipitada. Todo erro precisa ser consertado.

O perdão existe para nos ajudar a recompor nossa autoestima, nossa autoconfiança e retomar a convivência saudável. Se for preciso, peça perdão e perdoe. Retome a construção de sua identidade com o orgulho de alguém que, embora erre, faz autoavaliação, corrige o erro e recomeça.

Uma vez que você buscou reconciliação com as pessoas que ofendeu, é hora de aguardar, ter paciência. Nem sempre as pessoas estão prontamente dispostas a perdoar. Saiba que, se você honrar sua palavra, mostrar que se arrependeu de fato e mudar seu comportamento dali para a frente, com o tempo, as pessoas entenderão que você cometeu um erro pontual.

Aos poucos, você observará que, sendo sincero com as pessoas e reconhecendo suas limitações, será capaz de construir a reputação condizente com uma pessoa humilde, responsável e sensível, que leva em consideração os sentimentos dos outros.

E aí? Vamos proteger nossa reputação, a confiança que depositam em nós. Uma reputação ferida não é fácil de ser recuperada.

Primeiro Momento | Valores essenciais para conhecer-se e ter autocuidado 43

PARA LER E REFLETIR

Alguém está vendo

Certa vez, um homem resolveu invadir os campos de um vizinho para roubar um pouco de trigo. "Se eu tirar um pouco de cada campo, ninguém irá perceber", pensou. "Mas reunirei uma bela pilha de trigo."

Então ele esperou pela noite mais negra, quando grossas nuvens cobriam a Lua, e saiu às escondidas de casa, levando consigo sua filha mais nova.

– Filha, fique de guarda para o caso de alguém aparecer.

O homem entrou silenciosamente no primeiro campo e começou a colheita. Logo depois, a criança gritou:

– Papai, alguém está vendo você!

O homem olhou em volta, sem ver ninguém; juntou então o trigo roubado e seguiu adiante para o segundo campo.

– Papai, alguém está vendo você! – gritou a criança de novo.

O homem parou e olhou em volta, mas não viu qualquer pessoa, por isso amarrou o trigo roubado e esgueirou-se para o último campo.

– Papai, alguém está vendo você! – a criança gritou novamente.

O homem parou a colheita, olhou para todos os lados e, mais uma vez, não viu pessoa alguma.

– Por que você fica dizendo que alguém está me vendo? – perguntou ele, zangado. – Já olhei para todos os lados e não vejo ninguém.

– Papai – murmurou a criança –, alguém está vendo você lá de cima. […]

ZAJACZKOWSKI, Richard. Alguém está vendo. *Jornal de Beltrão*, Francisco Beltrão, 5 out. 2004. Disponível em: https://www.jornaldebeltrao.com.br/colunista/comportamento-humano/4908/alguem-esta-vendo. Acesso em: 1 jun. 2019.

44

e) O respeito, o amor próprio e a valorização de suas qualidades são a origem de sua força e de sua disposição para aprender, criar, atuar no mundo e mostrar seu valor.

_____

_____

_____

02 Assinale com **X** as alternativas corretas.

a) (   ) O autoconhecimento, a autenticidade e a autoestima são valores que caminham juntos, pois possibilitam uma postura mais honesta e positiva em relação a nós mesmos diante do mundo.

b) (   ) A maneira pela qual o mundo nos vê define nosso caráter e nossos valores.

c) (   ) O autoconhecimento não melhora nossas relações com o outro, pois diz respeito somente à relação conosco mesmo.

d) (   ) O autodomínio é uma virtude que depende tanto do cuidado consigo mesmo quanto do cuidado com o outro: por um lado, contribui para reduzir efeitos negativos de estresse e descontrole emocional; por outro, evita o tratamento agressivo ao próximo no dia a dia.

PARA SE INSPIRAR

A travessia, de Robert Zemeckis (96 min).

O filme conta a história real do equilibrista Philippe Petit, que atravessou as Torres Gêmeas, nos Estados Unidos, usando apenas um cabo. Para realizar esse feito, ele reuniu um grupo de assistentes internacionais, contou com a ajuda de um mentor para traçar o plano e enfrentou muitos obstáculos.

Eu maior, de Fernando Schultz e Paulo Schultz (96 min).

Por meio de entrevistas com esportistas, filósofos, cientistas e líderes espirituais, o filme aborda o autoconhecimento e o significado que as pessoas dão ao próprio mundo. Esteja preparado para escutar as experiências pessoais de várias pessoas interessantes!

Drauzio Varela: Anorexia e bulimia nervosas, 10 nov. 2011.

O dr. Drauzio Varela entrevista o dr. Táki Cordás, médico psiquiatra e professor, sobre os transtornos causados pela imposição do padrão de beleza da sociedade atual. Disponível em: http://drauziovarella.com.br/entrevistas-2/anorexia-e-bulimia-nervosas-entrevista. Acesso em: 1 nov. 2019.

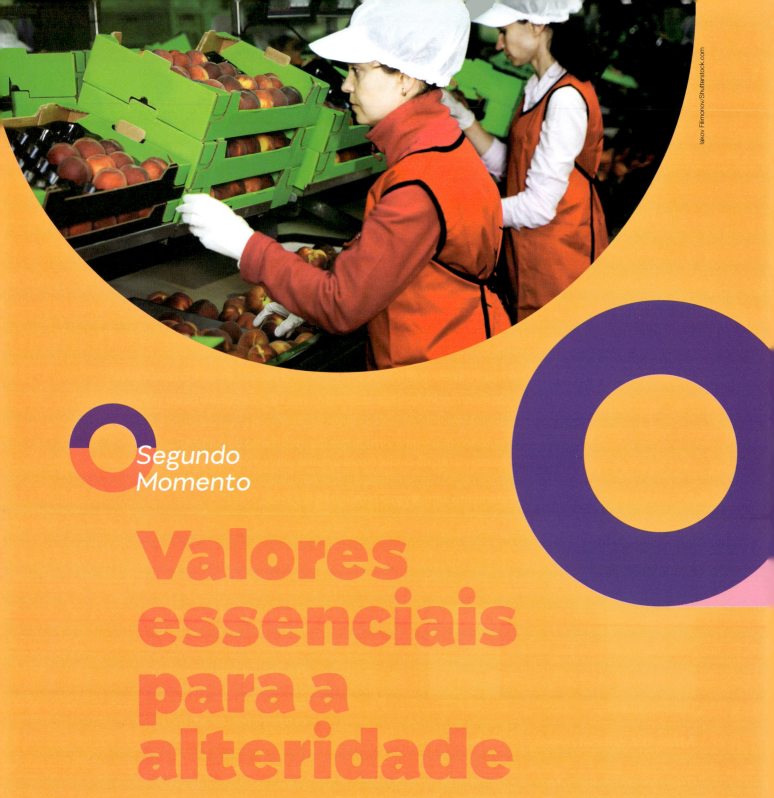

Segundo Momento

Valores essenciais para a alteridade

Você já percebeu que a vida em sociedade ocorre necessariamente por meio da convivência? Vivemos em uma relação de reciprocidade e aonde quer que vamos, encontramos pessoas diferentes de nós, com valores, histórias de vida e opiniões distintas.

Reflita por um instante: De quantas pessoas você precisa para realizar suas atividades diárias? Quem são as pessoas que produzem seus alimentos? Quem são as pessoas que contribuem diariamente para seu crescimento pessoal?

E você, o que faz pelas pessoas que estão ao seu lado ao longo do dia?

Segundo Momento | Valores essenciais para a alteridade 51

DIÁLOGO 06
Convivência: respeito e tolerância

▶ A liberdade de expressão e a de culto são asseguradas pela Declaração Universal dos Direitos Humanos. Assim, cada um é livre para crer e manifestar a religião como quiser, contando com o respeito do próximo.

Alteridade e altruísmo

Desde o momento em que nascemos, nós nos relacionamos com o outro: primeiro, com a família; depois, na escola. Assim, vamos conquistando novos espaços. Nessa trajetória, dois valores são muito importantes: a **alteridade** e o **altruísmo**.

Ambas as palavras vêm do latim, *alter*, que significa "outro". Alteridade é perceber e interagir com o "outro" de forma respeitosa. É a capacidade de conviver com as diferenças de opinião, de credo e de visão de mundo, estabelecendo uma convivência positiva com o semelhante.

O altruísmo é a habilidade do ser humano de cuidar do outro de forma espontânea e desinteressada. É um valor que se opõe ao egoísmo.

Analisando o mundo em que vivemos, percebemos com pesar que ele está marcado por individualismo, violência, racismo, intransigência religiosa, fanatismo e intolerância.

Diante dessas situações, é urgente que aprendamos a conviver.

Não há convivência sem compartilhamento. Pessoas que se fecham em si mesmas destroem a convivência, já que a relação com o outro não ocorrerá por falta de interação, comunicação e convívio.

52

O respeito está na base da convivência

Edificante: inspirador, positivo, exemplar.

Vital: básico, importante, essencial.

▸ Respeitar a orientação sexual de todos os indivíduos é um exercício de cidadania e altruísmo.

Para uma convivência saudável e **edificante**, desenvolver o espírito de tolerância é uma missão **vital**. A tolerância, um dos valores essenciais, pode ser definida como a aceitação da diversidade (social, étnica, cultural, política e religiosa). É a capacidade de escutar e aceitar os outros, valorizando as diferentes maneiras de entender a vida e de se posicionar diante dela.

▸ O respeito à diversidade de gênero, etnia, costumes e religiosa faz parte de uma sociedade justa, que valoriza o respeito e a dignidade humana.

MOMENTO de PROSA

01 Existe algum tipo de comportamento, religião ou jeito de ser dos outros que o incomode? Você acha que esse incômodo gera intolerância?

02 Em sua opinião, quais são os valores essenciais para a boa convivência?

Segundo Momento | Valores essenciais para a alteridade   53

PARA LER E REFLETIR

O grande sábio

Num pequeno vilarejo, corria a fama de que um grande sábio vivia solitário na montanha. Dizia-se que todos que o encontravam recebiam ótimos conselhos, que conduziam ao sucesso e à felicidade. Mas não era fácil encontrá-lo, pois ninguém sabia ao certo onde ficava sua cabana. Alguns até diziam que ele se mudava com frequência, para não ser importunado.

Certo dia, a história chegou aos ouvidos de um nobre da região que decidiu encontrar o sábio e ouvir um grande conselho. Preparou-se para a jornada e partiu numa bela manhã de primavera. Pelo caminho, ia pensando no tipo de conselho que pediria. Talvez como administrar melhor todos os seus bens, ou como obter mais lucro e maior respeito de todos os seus empregados, ou ainda como viver uma vida mais saudável e gozar da aposentadoria antecipada, sem precisar mais trabalhar e apenas aproveitar os lucros. Assim prosseguiu viagem, encontrando muitas dificuldades, mas muito motivado.

Pelo caminho, ia imaginando também como seria esse grande sábio. Devia ser muito rico, com belas roupas, uma cabana confortável. Talvez fosse um pouco arrogante e inacessível, com tanta sabedoria; afinal, ninguém está à sua altura. Deve viver cercado de livros e tratados, sempre a refletir, com pouco tempo para receber as pessoas.

Mas ele era um nobre e certamente ia ser recebido com honras.

Depois de dias de caminhada, chegou finalmente a uma cabana humilde. Ficou na dúvida se seria realmente ali, mas resolveu bater à porta. Um velhinho muito simpático, mas vestido com roupas bastante simples, o recebeu.

O nobre tratou logo de perguntar:

– Eu gostaria de ter uma audiência com o grande sábio, ele está?

O velho sorriu e convidou-o a entrar. Ofereceu-lhe uma bebida e convidou-o a sentar, mas o nobre estava tão ansioso que não aceitou, queria ver o sábio o quanto antes. Então o velho convidou-o para dar um passeio pelo jardim. O nobre aceitou, na certeza de que o sábio estaria lá meditando. A cada passo, olhava ao redor buscando o sábio. O velho parecia falar qualquer coisa, mas sua ansiedade era tanta que não conseguia ouvi-lo. Nem estava interessado, queria apenas falar com o verdadeiro sábio, o mestre. Depois de dar a volta completa no jardim, o velho conduziu-o à saída e despediu-se, dizendo que o seu tempo já tinha se esgotado.

O nobre ficou indignado. Andou tanto para chegar ali e o sábio se recusava a vê-lo. Disse, bravo:

– Mas eu quero ver o mestre.

O velho sorriu e disse:

– Comece a dar atenção a todos os que você encontrar na vida, mesmo que pareçam simples e insignificantes. Todos têm muito a oferecer e poderá sempre aprender com eles. Mas, para isso, é preciso ter mais do que olhos abertos. É preciso ter o coração e a

54

mente abertos para acolher. Se você se fechar nas ideias feitas, mesmo que o homem mais sábio do mundo passe por você, não o reconhecerá.

E despediu-se do nobre, que ficou alguns minutos assimilando tudo aquilo e enfim compreendeu que sua viagem não foi em vão.

ZANON, Darlei. *Parábolas de virtude*. São Paulo: Paulus, 2013. p. 69-71.

1. O que essa parábola ensina sobre a necessidade de ver e ouvir o outro com atenção?

2. O que essa história ensina sobre preconceito?

3. Que relação há entre essa parábola e o tema desse diálogo?

4. A parábola começa contando a história de um nobre que busca o conselho de um sábio. Esse nobre pensa em vários tipos de perguntas que poderia fazer, por exemplo, sobre riqueza e aposentadoria. E você, que tipo de conselho pediria ao sábio?

AMPLIANDO O CONHECIMENTO
História

A História é marcada por episódios de intolerância em diversos tempos e lugares; por exemplo, a relação entre os europeus e os **ameríndios**, e entre europeus e nações africanas.

Com base em critérios como linguagem, religião, vestuário e desenvolvimento tecnológico, os colonizadores europeus enxergavam no outro características que o associavam ao "selvagem"; por exemplo: o uso de pouca vestimenta, alguns rituais religiosos que eles consideravam violentos, as diferenças na forma de compreender e vivenciar a fé. Os europeus usavam a si mesmos como modelo de civilidade. Para eles, ser civilizado representava ser alfabetizado, cristão e detentor de tecnologia que eles compreendessem como avançada.

▸ Victor Meirelles. *A primeira missa no Brasil*, 1861. Óleo sobre tela, 268 cm × 356 cm.

Nas situações mencionadas, notamos dificuldades em lidar com a **alteridade**. Houve desconsideração das manifestações culturais e religiosas dos povos entendidos como diferentes e mais fracos, que acabaram sendo subjugados pelos europeus.

Quanto à intolerância religiosa, ela foi responsável pela **Guerra Santa** entre cruzados cristãos e povos islâmicos na Idade Média, pela perseguição de protestantes por católicos na Era Moderna, por conflitos entre islâmicos e hinduístas na Índia e pelos atuais conflitos entre **sunitas** e **xiitas**, e entre judeus e palestinos, no Oriente Médio.

Alteridade: neste texto, representa enxergar o outro como uma pessoa distinta e com valores diferentes.

Ameríndios: povos nativos da América.

Guerra Santa: conflito armado feito em nome de um deus ou uma religião. As mais famosas guerras santas foram travadas entre islâmicos e católicos durante a Idade Média.

Sunitas: adeptos do sunismo, seita do islamismo que defende a legitimidade das Sunas, ou seja, dos livros que contam a história e as experiências do profeta Maomé.

Xiitas: adeptos do xiismo, seita minoritária do islamismo que defende a ideia de que somente herdeiros de Maomé podem ser líderes de Estados islâmicos. Não reconhecem as Sunas como parte da religião islâmica.

▶ Mulheres palestinas que vivenciam os conflitos bélicos da Cisjordânia. Imagem de setembro de 2019.

Hoje, enquanto vários conflitos se desenvolvem, somos chamados a questionar os valores de nossa sociedade. Para que ocorra uma verdadeira mudança social e a construção de uma sociedade melhor, precisamos refletir, por exemplo, sobre o impacto do **genocídio** de indígenas ao longo da história da América. Foram destruídas nações que, provavelmente, eram mais aptas a viver de forma sustentável do que a nossa. É importante refletir: O que deixamos de aprender por termos desrespeitado e desvalorizado o diferente? Quem são os outros que nossa sociedade ainda se recusa a escutar?

Genocídio: extermínio parcial ou total de uma comunidade, grupo étnico, racial ou religioso.

▶ Índio kalapalo corta árvore de forma sustentável em sua roça de mandioca.

Segundo Momento | Valores essenciais para a alteridade   **57**

MOMENTO DE REFLEXÃO

1. Observe as imagens e faça o que se pede.

▶ Motoristas enfrentam trânsito intenso na Avenida 23 de maio. São Paulo (SP), fevereiro de 2019.

▶ Torcedores de diferentes times e países no Estádio convivendo de forma pacífica.

a) Relacione as imagens ao tema "Convivência".

b) Explique quais atitudes podem melhorar a convivência na situação retratada em uma das duas imagens.

2. Liste três valores para uma boa convivência.

3. Leia o texto abaixo e explique como ele trabalha o conceito de tolerância.

Por um lado, todos os seres humanos são iguais em direitos e deveres; por outro, cada um de nós é também diferente. Cada pessoa é única e original, com características, crenças e ideias próprias. Cada um de nós também tem seus valores e seus defeitos. O que temos em comum? Todos merecemos respeito ao nosso jeito de ser.

PENSE NISSO

O caminho da autêntica formação para viver juntos passa por uma dupla descoberta: a do valor próprio e a do valor dos outros. Sem esse **tirocínio** do autorreconhecimento e do reconhecimento do outro não há um viver realmente juntos.

LIBANIO, João Batista. *A arte de formar-se*. São Paulo: Edições Loyola, 2012. p. 122.

Tirocínio: aprendizado, prática que leva à experiência.

COMPROMISSO DA SEMANA

Pense em uma pessoa com a qual você tenha dificuldade de conviver, principalmente por causa das diferenças de opinião e de visão de mundo.

Então, faça o exercício a seguir. Mentalize essa pessoa e repita três vezes as seguintes afirmações: "Eu aceito você (fale, mentalmente, o nome da pessoa), assim como você é. Quero conviver com você de forma respeitosa e amiga. Quero que você seja feliz. Vou aprender a gostar de você e você vai aprender a gostar de mim".

Caso julgue importante, repita outras afirmações positivas.

MEUS **PENSAMENTOS**

Anote aqui o que mais marcou você durante as reflexões desse diálogo. É possível que tenha sido uma ideia, um desejo, um sentimento, uma descoberta, uma proposta...

Caso queira, aproveite a oportunidade e ilustre seus sentimentos.

Segundo Momento | Valores essenciais para a alteridade

DIÁLOGO 07 Convivência: diálogo e solidariedade

▶ O diálogo franco e respeitoso faz parte das relações verdadeiras e sólidas.

A importância do diálogo

O diálogo é fundamental para a convivência. É por meio dele que expressamos nossos pensamentos e conhecemos as opiniões, os valores e a maneira pela qual o outro vê o mundo.

As pessoas podem dialogar sobre economia, política, religiosidade, direitos, alegrias, dificuldades, entre outros. No entanto, é necessário que cada participante seja capaz de escutar com paciência e respeito as opiniões do outro e elabore, com clareza, os próprios pontos de vista, para que seja entendido.

Essa é uma tarefa complexa, por isso podemos afirmar que é uma habilidade exclusivamente humana. Devemos aprender a arte de nos comunicar para que nosso discurso gere aprendizado, reconciliação e entendimento.

Dialogar é uma maneira rica de exercitar a compreensão do outro e a capacidade de se pôr no lugar dele. Isso é o que chamamos de **empatia**.

No diálogo, todos falam, todos escutam; dialoga quem respeita a opinião do outro e sabe tirar proveito disso para aperfeiçoar a própria opinião. Um diálogo respeitoso e inteligente é enriquecedor para os dois lados.

PARA LER E REFLETIR

Um pedaço de pão

[...] Meu amigo estava molhando o jardim de sua casa, quando viu um garoto parado junto à cerca, olhando com atenção. [...]

– Tem um pedaço de pão velho? – perguntou.

[...]

O velho homem sentiu-se tocado e resolveu puxar assunto com o menino.

– Onde você mora? – começou.

Ouviu a resposta, um lugar bem longe, na periferia. Conhecia o nome, mas jamais estivera por lá. Continuou:

– Você vai à escola?

– Não, minha mãe não pode comprar o material de que preciso – respondeu.

Assim a conversa prosseguiu. Comovido pela vida sofrida do garoto, meu amigo resolveu ajudar. Depois de alguns minutos de conversa, perguntou se ele gostaria de mais alguma coisa além do pão.

Imediatamente o garoto respondeu:

– Não preciso, não! O senhor já me deu bastante: conversou comigo.

ZANON, Darlei. *Parábolas de virtude*.
São Paulo: Paulus, 2011. p. 84-85.

1. Que relação há entre a parábola e o tema do diálogo?

2. De acordo com as palavras do garoto, um gesto de atenção e uma palavra acolhedora valem tanto quanto a ajuda material. Comente isso.

Segundo Momento | Valores essenciais para a alteridade

Redescobrir a solidariedade

Quando somos **empáticos**, os acontecimentos que prejudicam as pessoas, de forma geral, nos afetam. É nesses momentos de **comoção** que se origina a solidariedade, sentimento que leva os seres humanos a se auxiliarem mutuamente, partilhando seus problemas e as possíveis soluções.

Angústia: grande aflição acompanhada de tristeza.

Comoção: situação que traz forte emoção, pena ou pesar.

Empático: pessoa que tem capacidade e facilidade de se colocar no lugar do outro.

▶ Voluntários constroem o alicerce de uma casa para um morador da comunidade de Terre Noire, em Porto Príncipe, Haiti. Trata-se do trabalho da ONG Teto, que se ocupa de ajudar pessoas em situação de grande vulnerabilidade a construir sua moradia.

É a solidariedade que nos distancia da **angústia** e do isolamento e proporciona o sentimento de pertencimento à sociedade. Mesmo sem perceber, como grupo humano, temos os mesmos interesses, vivemos de forma conjunta a mesma história.

A solidariedade é nosso alicerce para enfrentar os conflitos e as dificuldades que fazem parte da vida, como doenças, desemprego, desilusão amorosa, fracasso, morte, solidão etc. Cabe a cada um aprender a lidar com eles, buscando apoio em outras pessoas e deixando-se apoiar por elas.

Redescobrir a solidariedade é perceber que fazemos parte da espécie humana e dependemos de nossa comunidade.

É pela comunhão que estabelecemos com as pessoas que nos transformamos em pessoas **solidárias**. Essa transição envolve superar três condições:

○ a alienação, estado em que nos distanciamos do outro e assumimos uma postura apática, como se pequenas ações fossem incapazes de construir um mundo melhor;

○ o estado de **letargia** individual, contraposto à ação coletiva pela melhoria dos vários problemas sociais;

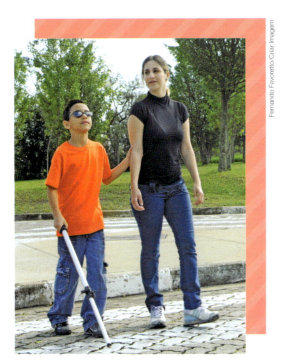

▶ Ser solidário é sentir vontade de ajudar o outro em sua dificuldade, oferecendo-lhe algo que lhe seja necessário. A pessoa solidária vivencia uma experiência de bem-estar e integração com aquela a quem ajudou.

62

Letargia: incapacidade de reagir e de expressar emoções; apatia, inércia e/ou desinteresse.

○ a pobreza, pois devemos reconhecer que o planeta é capaz de atender às necessidades humanas básicas, mas não à ganância, que gera grandes desigualdades, desperdício e fome.

A fim de conquistar essa transição para um mundo solidário, precisamos confiar em nosso potencial humano e fazer dele um instrumento para nos tornarmos agentes transformadores da história.

▶ Bombeiros trabalham para resgatar vítima dentro de um carro soterrado pela lama da barragem que se rompeu em Brumadinho. Minas Gerais, janeiro de 2019.

A solidariedade é um dos atos mais nobres e humanos em nosso mundo. Um gesto de solidariedade exige compaixão, compreensão real dos sentimentos do outro e desejo sincero de contribuir, sem esperar nada em troca.

Ela é também um exercício de cidadania e empatia, pois se trata da vontade e determinação de ajudar a resolver, modificar ou atenuar uma situação de sofrimento e carência do outro. Há muito o que fazer! O que seria do mundo sem a solidariedade?

▶ As atividades coletivas têm como alicerce a solidariedade.

MOMENTO DE REFLEXÃO

1. Com base no que você aprendeu, cite exemplos de como a solidariedade pode melhorar ou transformar o cotidiano dos grupos sociais a seguir.

a) Família.

b) Escola.

c) Cidade.

2. Explique o que ganhamos com a solidariedade.

3. Assinale as alternativas que indicam sua postura durante seus diálogos.

a) (   ) Quando outra pessoa fala, fico em silêncio e ouço a mensagem dela.

b) (   ) Quando outra pessoa fala, não presto atenção. Fico refletindo na resposta que vou dar.

c) (   ) No diálogo, geralmente não estou interessado em ganhar uma discussão, tenho mais interesse em aprender.

d) (   ) Respeito opiniões diferentes da minha: é possível concordar e discordar sem brigar por causa disso.

e) (   ) Busco diálogos em que todos os participantes saiam enriquecidos.

PENSE NISSO

Quando deixamos nossa luz brilhar, inconscientemente damos às outras pessoas permissão para fazer o mesmo.

CHALITA, Gabriel. *O livro dos valores para crianças*. São Paulo: Planeta, 2012. p. 42-43.

MOMENTO DE **ATENÇÃO PLENA**

Em duplas, um de frente para o outro, conte ao colega como foi sua semana ou suas expectativas para os próximos dias. Aquele que está escutando deve assumir uma postura de modo que todo seu corpo esteja pronto para ouvir. Preste atenção na posição de seus braços, em sua expressão facial. Tente absorver ao máximo o que o outro diz e pense em três perguntas que possam expandir a conversa. Depois, troquem de papel: quem falou passa a escutar e quem escutou passa a falar.

COMPROMISSO DA SEMANA

Durante esta semana, meu compromisso será pesquisar ONGs, instituições filantrópicas ou programas de governo cuja finalidade seja promover a solidariedade e o diálogo. Levantarei o tipo de trabalho que fazem, onde atuam e a história da instituição. Após a pesquisa, avaliarei se posso participar de alguma dessas iniciativas.

MEUS **PENSAMENTOS**

Anote aqui o que mais marcou você durante as reflexões desse diálogo. É possível que tenha sido uma ideia, um desejo, um sentimento, uma descoberta, uma proposta...

Caso queira, aproveite a oportunidade e ilustre seus sentimentos.

Segundo Momento | Valores essenciais para a alteridade

DIÁLOGO 08
O valor da confiança

▶ Para a construção da confiança mútua é necessário saber ouvir, empatia, respeito, sinceridade, senso de justiça e ética.

O desafio de construir a confiança mútua

Confiar é acreditar que o outro não falhará em sua responsabilidade. Para estabelecermos uma relação de confiança, é necessário que o outro seja leal, constante e pelo menos um pouco previsível. Se quisermos conquistar a confiança de alguém, devemos cumprir nossas promessas e compromissos.

Imagine um trabalho de escola: se o grupo confia a você a tarefa de fazer o índice e a introdução, você promete que fará e não faz, todo o grupo será prejudicado. Assim, para que a confiança não seja abalada, é preferível não prometer o que não se pode cumprir.

MOMENTO de PROSA

01 Que relação há entre a imagem de abertura e o tema deste diálogo?

Confiança e sinceridade andam juntas

Esteja sempre comprometido com a verdade, mesmo que às vezes ela seja dolorosa. A mentira faz com que o outro passe a não acreditar no que você diz. A mentira destrói nossa **autenticidade**. Busque sempre ser coerente com o que diz e faz.

Compartilhe suas experiências e ideias, seja sincero. Pessoas que não se abrem com os outros não dão oportunidade para que sejam conhecidas, admiradas e amadas. Só confiamos em alguém quando o conhecemos bem.

Procure sempre tomar decisões que beneficiem todas as pessoas com quem se relaciona. Assim, você valoriza o outro, desperta nele a confiança em você. Isso significa agir de forma **altruísta**.

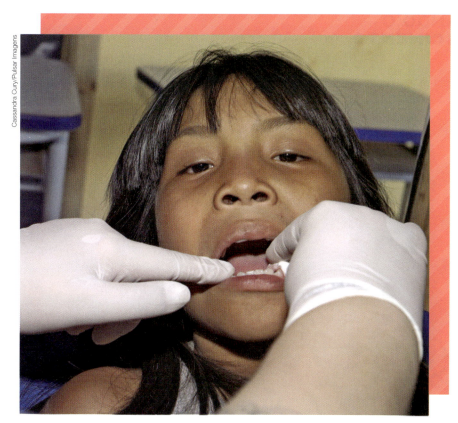

▶ Pessoas cujos direitos são sistematicamente desrespeitados têm mais dificuldade em confiar em desconhecidos. Nossas ações altruístas devem ser claras, pois nunca sabemos qual é a história pessoal de cada ser humano.

Confiança e sinceridade andam juntas

Como ser compreendido como alguém de confiança?

- **Seja presente**: o outro precisa sentir que você estará perto e disposto a ajudar quando necessário.
- **Seja cuidadoso e discreto**: todas as informações que você prometeu manter em segredo devem ser bem guardadas e protegidas. Isso enriquece qualquer relação e fará muito bem para o outro e para você.
- **Seja verdadeiro, autêntico, otimista e responsável por seus atos:** esteja pronto para perdoar o outro em suas falhas, de modo que a relação seja construída com base no apoio mútuo, e não em cobranças e julgamentos.
- **Seja moderado:** aja de maneira ética e justa. Isso significa pensar no bem da coletividade.

Segundo Momento | Valores essenciais para a alteridade

AMPLIANDO O CONHECIMENTO
Filosofia

Quem

Mesmo que muitos prefiram...
Semear vento para colher tempestade,
Divulgar fofocas em vez da verdade,
Espalhar discórdia em vez de união.

Mesmo que muitos prefiram...
Alimentar a ira e colherem desafetos,
Cultivar descaso e receber despedidas,
Plantar injustiças e colher dominação...

Eu prefiro continuar acreditando e confiando
No ser humano,
No protagonismo das pessoas,
Na civilização do amor e na força da verdade.

Sim, eu prefiro continuar acreditando e confiando
No contágio da solidariedade,
Na transformação em comunhão e
Na vitalidade da esperança.

Pois quem sabe chorar,
Torna-se humilde.
[...]

MAYER, Canísio. *Dinâmicas para desenvolver o crescimento pessoal e coletivo.* Petrópolis: Vozes, 2009. p. 137.

1. Certamente você já presenciou situações como as descritas no texto. Comente como você faz para manter a confiança nas pessoas, apesar disso.

2. Interprete o pensamento que o autor do texto apresenta na segunda e terceira estrofes. Qual a importância dele para uma cultura de confiança?

3. Explique o que significa "contágio da solidariedade".

4. Agora é a sua vez: elabore mais um parágrafo para o mesmo texto. Comece descrevendo um comportamento que as pessoas em geral adotam e conclua deixando claro um comportamento positivo que você prefere ter nessa situação.

O QUE FAZ A **DIFERENÇA**

Os pilares da confiança no trabalho e como construí-los

[...]

Honestidade, integridade e coerência

"Não posso dizer confie em mim, mas por meio destes três aspectos eu estabeleço o vínculo de confiança", diz Shinyashiki. Para que um indivíduo confie em alguém e se comprometa com ele é preciso acreditar nele. "Perceber que é verdadeiro e coerente nas ações", diz o especialista.

[...]

Os passos para construir a relação de confiança

Ser claro e construtivo na comunicação

Derivada do latim *comunicare*, a palavra comunicação pressupõe "tornar comum" a informação ou experiência, conforme explica Shinyashiki. E para isso, é preciso ser claro e construtivo no ato de comunicar, mantendo o respeito pelo outro.

"Sabendo ouvir as suas opiniões e ideias, sabendo compreender antes de querer ser compreendido", diz o especialista.

[...]

Compartilhar

Informações, conhecimentos e experiências. Compartilhar tudo isso é outra atitude de quem está disposto a construir uma relação de confiança, segundo Shinyashiki. Ao estimular o desenvolvimento de um colega ou subordinado, o profissional demonstra que confia e que também merece confiança.

Apostar na flexibilidade

"É ser flexível para enfrentar as mudanças e compreender as diversidades e os pontos de vista diferentes", diz Shinyashiki. Segundo Thirza Reis, uma relação de confiança ancorada na maturidade não é aquela em que uma pessoa declara para outra: sei que posso confiar em você porque você nunca vai me faltar. "Essa é a confiança ingênua, a declaração de confiança madura é: confio em você e sei que você pode me faltar um dia. Quando isso acontecer vamos conversar a respeito", diz ela.

CAMILA, Pati. Os pilares da confiança no trabalho e como construí-los. *Exame*, São Paulo, 24 set. 2013. Disponível em: https://exame.com/carreira/os-pilares-da-confianca-no-trabalho-e-como-construi-los/. Acesso em: 22 nov. 2019.

1. Explique o que é necessário para haver um bom diálogo.

2. Em quais pontos você precisa melhorar para ter uma atuação mais construtiva durante suas conversas?

3. Por que uma relação sem confiança torna-se inviável?

4. Para você, qual é o valor da confiança nos seguintes âmbitos: familiar, escolar e com seus amigos?

MOMENTO DE REFLEXÃO

1. Que benefícios a confiança traz para nossos relacionamentos?

2 Escreva **V** nas alternativas verdadeiras e **F** nas falsas.

a) (   ) A confiança entre duas pessoas é marcada pelo grau de intimidade que elas mantêm.

b) (   ) Quando não temos a confiança de alguém, é impossível mudar essa situação.

c) (   ) Em nossa relação com os outros, nossas opiniões vêm em primeiro lugar. Dessa forma, se nos disserem algo de que discordamos, devemos imediatamente nos posicionar contra isso, independentemente das consequências.

d) (   ) Uma vez que a confiança é traída, nunca haverá oportunidade para o perdão.

e) (   ) A confiança demora muito para ser construída e apenas instantes para ser destruída.

3. Observe as imagens e faça o que se pede.

a) Qual é o tema central das fotografias, e o que distingue uma imagem da outra?

b) Como essas fotografias se relacionam com as vivências na escola? Explique.

MOMENTO DE **ATENÇÃO PLENA**

Formem um círculo de cinco colegas e posicionem o sexto no meio dele.

Quem estiver no centro deve fechar os olhos e relaxar. Aqueles que estão ao redor empurram, delicadamente, os ombros do que está no centro em direção a outro colega, de modo que a pessoa que está no meio do círculo comece a cair e seja amparada pelo outro colega. Em seguida, outro membro do grupo troca de lugar para ser o próximo a "cair" nos braços do colega.

Quem está no centro deve se manter relaxado e calmo, e deixar-se levar pelas mãos dos colegas sem abrir os olhos ou mover os pés. Aproveite o momento para perceber como é a sensação do toque dos colegas. Qual é a sensação de confiar no outro? Você sentiu alguma ansiedade?

COMPROMISSO DA SEMANA

Durante esta semana, meu compromisso será mostrar a meus pais ou responsáveis que confio neles e quero ajudá-los a confiar sempre e mais em mim.

Pretendo estar mais próximo deles. Para isso, ouvirei com atenção o que têm a dizer. Valorizarei seus conselhos, atenderei suas ligações e responderei suas mensagens, mesmo que não pareçam importantes.

MEUS **PENSAMENTOS**

Anote aqui o que mais marcou você durante as reflexões deste diálogo. É possível que tenha sido uma ideia, um desejo, um sentimento, uma descoberta, uma proposta...

Caso queira, aproveite a oportunidade e ilustre seus sentimentos.

DIÁLOGO 09

Família, aprendizado e amor

▶ Existem diversos tipos de família, incluindo algumas que não são unidas por laços sanguíneos, mas afetivos.

A vida em família

A família é formada por dois graus de proximidade: a família nuclear e a família extensa. Em geral, a família nuclear é composta pelos pais e irmãos, enquanto a família extensa é composta dos avós, tios, primos etc.

O primeiro sentido que encontramos para a palavra **família** é de pessoas ligadas por casamento ou parentesco: pai, mãe e irmãos. Há, também, uma família mais distante, que inclui os familiares: avós, primos, tios.

Para a **antropologia**, por exemplo, família é um grupo de pessoas que vive ou frequenta a mesma casa. Desse modo, amigos e agregados também podem ser considerados família.

Em alguns mosteiros, por exemplo, a proximidade e o tempo de convivência entre os monges faz com que eles se considerem familiares. Se buscamos o sentido da palavra **familiar**, veremos que um critério importante é o grau de proximidade e **intimidade** entre as pessoas.

Como você deve ter percebido, o entendimento sobre o que significa família é cultural. O importante é perceber as pessoas que nos são próximas e reconhecer que elas são as mais queridas e importantes em nossa vida.

Antropologia: estudo dos aspectos comportamentais da espécie humana.

Intimidade: relação estreita ou convívio próximo entre duas ou mais pessoas.

74

Diferentes famílias

▶ Os laços de sangue são importantes, mas a afinidade, o afeto e a intimidade são fundamentais na construção de uma família.

O que une as pessoas nas diferentes composições familiares é o amor e o cuidado entre elas. Também é possível que, nessa relação de amor e intimidade, a família seja instituída pela afinidade, pelo compartilhamento de valores, objetivos, expectativas e, muitas vezes, por meio da educação moral.

No entanto, essa afinidade e esse compartilhamento não significam que todos pensam da mesma forma e sonham o mesmo sonho: a convivência diária pode implicar desacordos, discordâncias e, às vezes, conflitos.

Mesmo assim, é na família que devemos buscar apoio quando estamos passando por dificuldade. São nossos familiares que nos conhecem, sabem de nossas necessidades e pensam de maneira mais altruísta em relação a nós. Eles nos amam e desejam nossa felicidade.

Via expressa ou estrada secundária?

▶ Tenho feito o melhor para viver de forma harmônica com minha família e contribuir para a solução dos problemas que acontecem em casa?

Fazendo uma relação com os caminhos rodoviários, é possível dizer que, nas relações familiares, podemos optar pela via expressa – construindo bons relacionamentos, resolvendo os conflitos e demonstrando amor e respeito –, ou podemos pegar a estrada secundária – desistindo do relacionamento, brigando ou reclamando quando há divergências e desrespeitando nossos pais ou responsáveis.

Mas, antes de decidir, é interessante refletir sobre o que se ganha ou se perde em cada caso. Se vivemos uma situação de conflito em casa, é sempre bom pensar: Como esse conflito se iniciou? Em quais ocasiões cada uma das partes estava certa ou errada? O que eu já fiz para melhorar o conflito?

É o momento de refletir: Mereço a total confiança de meus familiares? Tenho correspondido ao que eles fazem por mim?

Segundo Momento | Valores essenciais para a alteridade

AMPLIANDO O CONHECIMENTO
Direito

▶ A família é um conjunto de pessoas unidas por laços de parentesco ou de afinidade e ligadas, de forma geral, por laços de afeto e cuidados mútuos.

Você sabe qual é o conceito de família? Alguns grupos defendem um conceito jurídico amplo que aceite os casais homoafetivos como família; outras pessoas buscam um conceito que considere família a união apenas entre homem e mulher.

A definição jurídica para família pode ser encontrada no Capítulo VII da Constituição Federal.

Art. 226 [...]

§ 3º Para efeito da proteção do Estado, é reconhecida a união estável entre o homem e a mulher como entidade familiar, devendo a lei facilitar sua conversão em casamento.

[...]

§ 4º Entende-se, também, como entidade familiar a comunidade formada por qualquer dos pais e seus descendentes.

Art. 229. Os pais têm o dever de assistir, criar e educar os filhos menores, e os filhos maiores têm o dever de ajudar e amparar os pais na velhice, carência ou enfermidade.

BRASIL [Constituição (1988)]. *Constituição da República Federativa do Brasil de 1988*. Brasília: DF: Presidência da República, [2016]. Disponível em: www.planalto.gov.br/ccivil_03/Constituicao/Constituicao.htm. Acesso em: 11 nov. 2019.

[...]

[...] princípios como o da afetividade, da solidariedade familiar, da proteção de crianças, adolescentes e idosos, da liberdade, da igualdade e da dignidade da pessoa humana são direcionados para abarcar as relações existentes entre os membros de uma família, sejam eles de sexo oposto (heterossexuais), do mesmo sexo (homossexuais) ou de ambos os sexos simultaneamente (bissexuais).

[...]

PORTILHO, Silvia de Abreu A.; REZENDE, Graciele Silva. União homoafetiva como modelo de família no Brasil. *Jus*, [s. l.], maio 2018. Disponível em: https://jus.com.br/artigos/65879/uniao-homoafetiva-como-modelo-de-familia-no-brasil. Acesso em: 11 nov. 2019.

O casamento entre pessoas do mesmo sexo é legalizado no Brasil pela Resolução nº 175, de 14 de maio de 2013, do Conselho Nacional de Justiça:

Art. 1º É vedada às autoridades competentes a recusa de habilitação, celebração de casamento civil ou de conversão de união estável em casamento entre pessoas de mesmo sexo.

[...]

BRASIL. Conselho Nacional de Justiça. *Resolução nº 175, de 14 de maio de 2013*. Dispõe sobre a habilitação, celebração de casamento civil, ou de conversão de união estável em casamento, entre pessoas de mesmo sexo. Brasília: Conselho Nacional de Justiça, 2013. Disponível em: https://atos.cnj.jus.br/atos/detalhar/1754. Acesso em: 11. nov. 2019.

1. Discuta com o professor e os colegas: Qual é o papel da sociedade na definição do conceito de família? Você concorda que esse conceito seja utilizado apenas para definir casais de sexos diferentes? Registre sua opinião.

PENSE
NISSO

O QUE FAZ A **DIFERENÇA**

Uma realidade bastante triste é que há pessoas que não têm um núcleo familiar para apoiá-las nas dificuldades.

As razões para isso podem ser as mais diversas: dificuldades financeiras, envolvimento com criminalidade, uso de drogas, doenças debilitantes ou mesmo a morte de membros familiares.

Segundo dados apresentados pela EBC Brasil, em 2018 havia mais de 8,7 mil crianças e adolescentes no país que viviam em abrigos em condições de serem adotados, aguardando uma oportunidade para isso. São pessoas à espera de uma família que possa abrigá-las, oferecendo lar, educação e apoio.

Embora muitas famílias estejam dispostas a adotar uma criança, nem sempre ocorre compatibilidade entre o perfil do candidato à adoção e a expectativa da nova família. Além disso, a maioria das famílias busca crianças com no máximo 5 anos de idade, motivo pelo qual a maior parte dos jovens abrigados não encontra uma família disposta a recebê-los.

Adotar uma criança é uma atitude que faz toda a diferença! Mas todos podemos realizar várias outras ações que contribuem para o amparo a órfãos e desabrigados em nosso país, por exemplo:

- doar alimentos, roupas, brinquedos e mesmo dinheiro a instituições sérias e idôneas para que possam manter suas atividades;
- visitar creches, asilos, hospitais com a intenção de levar alegria, carinho e esperança a crianças, idosos e doentes.

Pense por um instante: Como você pode fazer a diferença para quem não teve a oportunidade de ter uma família?

1. O texto acima menciona o número de crianças que aguarda adoção no Brasil. Por que você acha que esse número é tão alto?

2. Entre as medidas que o texto propõe para ajudar as crianças sem lar, qual você acha mais efetiva?

MOMENTO de PROSA

01 Nessa tirinha, Calvin faz um comentário sobre a educação que o pai dá a ele. Em sua opinião, o que o pai está tentando ensinar ao filho?

02 Como tem sido sua relação com seus pais? Você é aberto às experiências e lições que eles tentam lhe apresentar? Explique.

03 Para você, qual é a importância da família em seu crescimento e desenvolvimento como ser humano?

Segundo Momento | Valores essenciais para a alteridade

MOMENTO DE REFLEXÃO

1. Diferencie os significados de "seguir a via expressa" e "seguir a estrada secundária" em seu relacionamento familiar.

2. Sobre o tema "família", marque a seguir a alternativa correta.

a) ( ) Do ponto de vista da antropologia, é possível considerar que a família é formada por qualquer grupo de pessoas que frequente a mesma casa.

b) ( ) A melhor forma de lidar com conflitos familiares é adotar a estratégia da "via secundária", pois ela possibilita manter a autenticidade e a autoestima durante os conflitos.

c) ( ) Se nossos pais reclamam de nossa atitude em casa e os pais de nossos amigos não, é porque nossos pais não nos conhecem.

d) ( ) Do ponto de vista do Direito, a Constituição não garante qualquer responsabilidade dos filhos para com os pais durante a velhice.

e) ( ) O conceito de família é simples e todos na sociedade brasileira concordam que o núcleo familiar é formado pela união entre homem e mulher.

3. Pense em seus familiares e escreva um pequeno texto sobre o que você sente como resultado da dedicação deles a você.

MOMENTO DE **ATENÇÃO PLENA**

Sente-se confortavelmente e preste atenção em sua respiração. Visualize-se sentado, de olhos fechados. Visualize seus pais atrás de você. Eles colocam as mãos em seus ombros, plenos de ternura e bondade.

Seus pais abençoam você, desejando sucesso, saúde e energia para cumprir suas tarefas. Você sente a energia da conexão com eles e sente-se confiante para encarar os desafios da semana.

Atrás de seus pais, você visualiza seus avós, tocando o ombro de seus pais. Eles abençoam toda a família, somando a energia deles à de seus pais.

Respire três vezes de forma lenta e profunda, desfaça a visualização e perceba como se sente.

COMPROMISSO DA SEMANA

Meu compromisso desta semana é mostrar a meus familiares o quanto os amo e respeito, demonstrando afeto e carinho. Para isso, agradecerei todo dia, de manhã e à noite, a companhia, a educação e o apoio que me dão. Farei isso dando um abraço repleto de energia em cada um deles.

MEUS **PENSAMENTOS**

Anote aqui o que mais marcou você durante as reflexões deste diálogo. É possível que tenha sido uma ideia, um desejo, um sentimento, uma descoberta, uma proposta...

Caso queira, aproveite a oportunidade e ilustre seus sentimentos.

DIÁLOGO 10

Cultura da paz

▶ A cultura de paz têm como alicerce a tolerância, o respeito e a generosidade.

Paz e a ausência de guerra

Carestia: situação de necessidade causada pela escassez de produtos alimentícios ou encarecimento do custo de vida.

    A paz é um valor essencial para a vida das pessoas, a convivência em família, a sociedade e para todas as nações. Mas, o que é a paz? Podemos pensar que, por um lado, ela seja a ausência de guerra ou de violência. Assim, uma nação capaz de descansar as armas e manter uma relação saudável com os países vizinhos pode estar em paz.

    O filósofo Immanuel Kant elaborou o termo **paz eterna**. Para ele, esse estado de paz expressaria uma condição de paz mundial que representasse os desejos pacíficos de todos os povos e indivíduos por meio de leis capazes de regular as relações diplomáticas e os conflitos de interesse.

    Mas também podemos nos referir à paz social: aquele estado em que a sociedade como um todo vive em harmonia, fazendo cessar os conflitos, a **carestia,** a violência e a injustiça.

    É importante cultivar a paciência, a tolerância e o respeito, além de enxergar as diferenças como algo positivo e não como ameaça. A paz social será possível quando forem conferidos à população trabalho, saúde, educação e segurança para que, assim, as pessoas possam cultivar a paz e confiar no futuro, vivendo como cidadãos responsáveis por si e pela coletividade.

Paz interior

Psicologia positiva: enfoque científico voltado para o funcionamento positivo do ser humano.

Resiliência: capacidade de superar pressões, obstáculos e problemas reagindo positivamente a eles sem grande conflito emocional.

Por fim, podemos falar da paz como um sentimento muito pessoal e profundo, a paz interior. Para a **psicologia positiva**, o caminho para encontrarmos paz pessoal passa pela **resiliência**.

Veja algumas atitudes essenciais para construirmos um posicionamento resiliente:

valorizar as relações interpessoais;

- manter uma postura positiva, corajosa e esperançosa;
- aceitar as divergências que não podemos mudar;
- trabalhar nosso potencial criativo e assim visualizar novas possibilidades para os problemas que temos condições de solucionar;
- ser flexível, ou seja, estar disposto a reorganizar as situações e nos adaptarmos a elas quando necessário;
- sempre que tivermos problemas, mobilizarmos a família e uma rede de solidariedade;
- desenvolver empatia e tolerância em nossas relações;
- tomar decisões compartilhadas, negociando com clareza e justiça.

▶ Enfrentar os próprios medos traz a sensação de missão, o que contribui muito para a conquista da paz interior.

▶ Ter uma fé, compartilhar de uma religiosidade, traz grandes benefícios para a saúde, pois promove um temperamento resiliente, positivo e mais flexível.
Devotos do candomblé dançando e cantando em uma festa para Iemanjá.

Segundo Momento | Valores essenciais para a alteridade

A paz interior está relacionada a nossas atitudes, a sermos tolerantes, respeitarmos o credo e a opinião dos outros e agirmos de maneira altruística, em benefício do próximo.

A arte de viver a cultura da paz depende do aprendizado de cada pessoa para viver em paz consigo mesma, com o outro e com a natureza.

Podemos perceber que os valores essenciais trabalhados nos diálogos deste livro são a base para a construção da paz: respeito, solidariedade, honestidade, cooperação, tolerância etc. Sem a tolerância, é impossível a harmonia entre as religiões, os povos e as culturas. Sem a solidariedade, é impossível a paz social. Sem o autodomínio, é impossível a paz interior, e assim por diante.

Em que situações agimos de maneira tolerante, respeitamos o credo e a opinião alheia e atuamos de maneira altruísta, em benefício do próximo? Em que situações nos preocupamos com os sentimentos do outro, com as consequências de nossas ações? Se agimos de maneira responsável e consciente, pensando sempre no bem comum, então estaremos sempre nos transformando em construtores da paz.

Para construirmos a paz, necessitamos de coragem e determinação. Precisamos permanecer firmes e jamais nos afastar de nossos valores, princípios e aspirações.

Para vivenciar essa determinação, muitos recorrem à espiritualidade ou a práticas de meditação e atenção plena. Ao repensar hábitos de vida, alimentação e a relação com as pessoas ao redor, é possível reorganizar padrões que estabelecemos com o mundo e contribuir para uma nova realidade.

Martin Luther King, Mahatma Gandhi, e São Francisco de Assis, por exemplo, são algumas das pessoas que usaram esse tipo de recurso para contribuir para uma sociedade com valores mais humanos, cultivando a paz entre os diferentes povos e etnias.

▶ Advogado, anticolonialista e especialista em ética política, Gandhi foi um líder indiano que empregou a resistência pacífica para promover uma campanha pela independência da Índia do Reino Unido. Tornou-se mundialmente conhecido por sua postura pacifista, transformando-se em referência.

▶ Martin Luther King foi um grande exemplo para a sociedade. De forma valorosa, ele cultivou a paz entre diferentes etnias.

AMPLIANDO O CONHECIMENTO
Cultura oriental

Tsuru

[...] foi uma menina chamada Sadako Sassaki que imortalizou a corrente dos mil *tsurus* como símbolo eterno de paz e harmonia. Sadako nasceu em Hiroshima logo após a cidade ter sido atingida por uma bomba nuclear, na Segunda Guerra Mundial. Por causa das radiações, essa garotinha adquiriu uma doença fatal. Aos 10 anos, ao saber da lenda do *tsuru*, ela decidiu fazer mil pássaros de dobradura para ter saúde suficiente para viver. Mas, quando chegou no pássaro de número 964, Sadako morreu.

Foram seus amigos e parentes que terminaram a corrente.

DISKIN, Lia; ROIZMAN, Laura Gorresio. *Paz, como se faz? Semeando cultura de paz nas escolas*. Rio de Janeiro: Associação Palas Atenas, 2002. p. 22.

INSTRUÇÕES

1. Dobre um papel quadrado ao meio, na diagonal, formando um triângulo.
2. Dobre-o ao meio novamente.
3. Abra a metade de cima segurando X por baixo e leve Z ao Y.
4. Vire a dobradura e repita o passo 3 com a outra metade.
5. Marque as dobras como no desenho e abra de novo, voltando ao formato quadrado.
6. Abra a aba e puxe X para cima, formando uma "canoa".
7. Repita os passos 5, 6 e 7 com o outro lado.
8. Depois do passo 7, o *origami* deve estar dessa forma.
9. Dobre nas linhas pontilhadas das abas de baixo, dos dois lados (4 vezes).
10. Abra as laterais e leve para cima a ponta X e depois a Y, segurando a dobradura pelo meio.
11. Puxe as pontas finas para fora, para formar o pescoço e a cauda. Dobre a ponta da cabeça e abra as asas, puxando-as para baixo.
12. O *tsuru* está pronto para voar!

Como montar um *tsuru*

MOMENTO DE REFLEXÃO

1. Relacione cada conceito à sua definição.

a) paz interior
b) paz social
c) não violência
d) responsabilidade pela promoção da paz

( ) Compromisso individual para colocar em prática valores, atitudes e formas de comportamento que inspirem a cultura de paz.

( ) Princípio de harmonia entre as pessoas por meio do combate à carestia e da eliminação das injustiças e da violência.

( ) Princípio de respeito a todo ser vivo, evitando causar danos aos demais por meio do desenvolvimento do respeito e da tolerância.

( ) Harmonia consigo mesmo que possibilita desejar o bem ao próximo e controlar os próprios impulsos violentos.

2. Escreva **V** para verdadeiro e **F** para falso.

a) ( ) A falta de cuidado com a fala é a origem de vários conflitos.

b) ( ) O processo de construção da paz passa pelo cuidado de cada um consigo mesmo, atentando para evitar o egoísmo.

c) ( ) A origem dos conflitos são a pobreza e as desigualdades, de forma que é justificável aumentar indefinidamente o consumo de recursos naturais para alcançar a paz.

d) ( ) Uma cultura de paz exige mudanças em nossos hábitos, pois envolve adotar uma postura de doação de tempo e atenção, além do controle do consumo.

3. Explique o que significa agir de maneira não violenta e quais são os valores essenciais para alcançar esse objetivo.

4. Em sua opinião, qual é a principal dificuldade para alcançarmos uma cultura de paz? O que você pode fazer para ajudar a vencer essa dificuldade?

MOMENTO DE **ATENÇÃO PLENA**

Hoje, o momento de atenção plena será um exercício de visualização e projeção. Sente-se no chão ou na cadeira confortavelmente. A tarefa é ouvir com atenção as orientações do professor.

COMPROMISSO DA SEMANA

A paz que eu quero é a paz que eu construo. Por isso, nesta semana vou me empenhar em cultivar a paz em casa e na escola, contribuindo para estabelecer um ambiente alegre, harmônico e muito pacífico. Quando houver situações de conflito, buscarei o diálogo respeitoso, como aprendemos ao longo deste ano.

MEUS **PENSAMENTOS**

Anote aqui o que mais marcou você durante as reflexões deste diálogo. É possível que tenha sido uma ideia, um desejo, um sentimento, uma descoberta, uma proposta...

Caso queira, aproveite a oportunidade e ilustre seus sentimentos.

Segundo Momento | Valores essenciais para a alteridade

Revivendo os diálogos

1. Sobre diálogo e convivência, assinale a alternativa correta.

a) ( ) Ambos são habilidades que os seres humanos são incapazes de alcançar por sua natureza intolerante.

b) ( ) As primeiras experiências de convivência acontecem depois que chegamos à vida adulta, quando precisamos compartilhar o espaço de trabalho e agir com cidadania.

c) ( ) Conviver e dialogar exige habilidades essencialmente diferentes, pois, no primeiro caso, é necessário tolerância e, no segundo, paciência.

d) ( ) A capacidade de compartilhar é a base para uma convivência saudável, pois o egocentrismo retira de nós a atenção e o cuidado necessários para cativar o próximo.

2. Leia a tirinha a seguir, em que os *vikings* de Hagar se encontram com um francês. Depois, assinale a interpretação correta da charge.

a) ( ) A charge aborda o tema da alteridade, pois os *vikings* de Hagar não se consideram povos "bárbaros" e são incapazes de compreender o preconceito do francês.

b) ( ) O humor da charge é gerado pela loucura do homem que passa por Hagar, que enxerga pessoas onde não há.

c) ( ) A charge mostra uma relação de profunda tolerância entre dois povos diferentes, expressa pela absoluta tranquilidade da relação entre o francês e os *vikings* de Hagar.

d) ( ) O valor essencial tratado nessa tirinha é o diálogo, pois, se não fosse a capacidade do amigo de Hagar de traduzir a língua francesa, poderia ter havido desentendimento e conflito.

e) ( ) A charge expressa o valor essencial da não violência.

88

3. Desenhe um símbolo que represente a cultura da paz.

4. Escreva uma pequena história que envolva o relacionamento entre duas ou mais pessoas, mostrando a importância da confiança. Depois, compartilhe o texto com a turma.

PARA SE INSPIRAR

Human (Humano), de Yann Arthus-Bertrand (188 min).

O filme é composto de 200 depoimentos pessoais colhidos pelo cineasta Yann por três anos em 60 países. Cada depoimento pode ser visto individualmente. Indicamos especialmente os depoimentos de Ki-moon (Estados Unidos), Runa (França), Tristan (Tailândia), Bill Gates (Estados Unidos) e Maria (Brasil).

Segundo Momento | Valores essenciais para a alteridade   89

Terceiro Momento

Valores essenciais para a construção de um mundo melhor

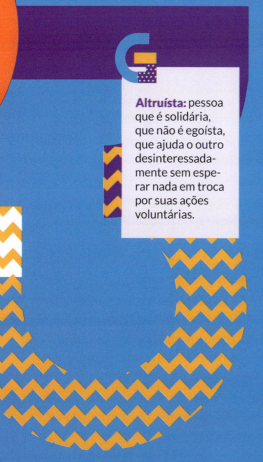

Altruísta: pessoa que é solidária, que não é egoísta, que ajuda o outro desinteressadamente sem esperar nada em troca por suas ações voluntárias.

É comum ouvirmos que o país e o mundo estão ruins. Frequentemente encontramos pessoas pessimistas que dizem ser impossível uma solução para nossos problemas sociais, ambientais e políticos.

A condição mundial pode e vai melhorar! O mundo pode melhorar! Para isso, cada um de nós precisa assumir uma postura **altruísta**, determinados a agir para melhorar nosso entorno, nossa família, nossa escola, nossa rua...

Pequenas ações têm poder transformador! Assim, reflita sobre a seguinte questão: Quais valores essenciais você acredita que são necessários para superarmos as condições negativas de nossa realidade, tanto na vida em sociedade quanto na vida pessoal?

DIÁLOGO 11
O mundo que vejo

▶ O crescimento espiritual, como qualquer transformação interna, leva tempo e depende de cultivarmos uma mente positiva, pois a mente viciada em pensamentos tristes ou destrutivos afetará a saúde. Não é porque passamos por situações difíceis que devemos cultivar essas dores.

Saindo de si

Na tradição budista, conta-se que Sidarta, o primeiro Buda, era um príncipe, um jovem muito rico, que vivia de forma confortável em seu palácio.

Certo dia, Sidarta resolveu sair às ruas e conhecer o mundo. Foi quando descobriu que grande parte da população vivia na pobreza e que o sofrimento era algo marcante no entorno do palácio.

Profundamente tocado com sua descoberta, Sidarta abriu mão de suas riquezas, passando a se dedicar à meditação e a buscar uma solução para o sofrimento humano.

Podemos aprender, com o exemplo de Buda, a importância de sairmos de nosso lugar de privilégio e buscarmos conhecer o mundo e conviver com as pessoas.

É por meio do contato com o outro que entendemos como podemos ser agentes de uma mudança positiva, ajudando a combater a pobreza, a miséria, a violência e a injustiça. Nesse sentido, como jovem, você tem um papel muito importante a desempenhar, pois está construindo seu caráter e dispõe de grande energia e saúde para atuar em seu entorno e no mundo.

Nós temos o privilégio de escolher como agir no mundo em que vivemos. Podemos contribuir para criar a realidade que preferimos: um mundo de bondade, solidariedade, respeito, amizade e alegria.

É hora de arrumar o planeta

À medida que nossa visão de mundo amadurece, começamos a perceber coisas que nos incomodam, que parecem fora de ordem. Ao andar pelas ruas, nos deparamos com a pobreza. Nos jornais, lemos notícias de guerras, disputas violentas envolvendo a polícia, corrupção em várias esferas governamentais, surtos de doenças sem cura.

Assim, vamos fazendo comparações entre o mundo real, que vemos ao sair na rua e ao ler e ouvir o noticiário, e o mundo ideal, no qual queremos viver. Naturalmente, as coisas não vão se arrumar sozinhas, então precisamos nos tornar agentes de transformação, ou seja, agir para conseguir o mundo que desejamos.

É necessário atuar pessoal e coletivamente, com responsabilidade, de maneira altruísta e solidária. E precisamos estar preparados para isso.

Cada vez mais temos visto projetos protagonizados por jovens que geram grande impacto social positivo em muitas comunidades. Há, por exemplo, desde criações simples e práticas – e não por isso menos importantes –, como campanhas de arrecadação de agasalhos, alimentos ou produtos de necessidade básica para doação, até o desenvolvimento de sistemas de coleta ou de filtragem de água.

Uma campanha que ganhou muita visibilidade foi a chamada "Lacre do Bem", que utiliza a reciclagem de lacres de latinhas de refrigerante para comprar cadeiras de roda para pessoas com deficiência física que vivem em situação de pobreza.

Conhecer a realidade ao redor é fundamental para que resultados como os citados sejam alcançados. Observar o que acontece nas ruas e vivenciar os bairros e a cidade são atitudes que contribuem demais na identificação do que pode e deve ser feito para a melhoria do mundo em que vivemos.

▶ Para praticar a bondade, é sempre importante focar na empatia. Ao nos colocarmos no lugar do outro, é possível perceber como gostaríamos de ser tratados e de que tipo de ajuda precisamos.

Terceiro Momento | Valores essenciais para a construção de um mundo melhor

PARA LER E REFLETIR

Aliar: formar alianças, estabelecer união, juntar-se.

Ética: conjunto de normas e princípios que norteiam a boa conduta do ser humano.

Fraternidade: conviver como irmãos.

Semear: plantar sementes na terra para que germinem.

Precisa-se de jovens que queiram **semear**.

Jovens educados, que saibam respeitar.

Jovens que saibam ouvir quando lhes falam, que perguntem quando não entendem, que saibam dialogar.

Precisa-se de jovens animados, otimistas, confiantes, que tenham sempre um sorriso para todos.

Jovens que tenham sede de vida e, por onde passem, façam a vida renascer.

Precisa-se de jovens que condenem a maldade, que não maltratem os outros e não permitam que sejam maltratados.

Jovens que, ao errar, peçam desculpas e, se ofenderem alguém, peçam perdão.

Precisa-se de jovens plenos de gratidão.

Jovens que condenem a mentira e amem a verdade.

Precisa-se de jovens que amem o saber e busquem a sabedoria.

Jovens que sejam apaixonados pela vida, queiram protegê-la e cuidar dela.

Jovens que compreendam o valor da empatia e saibam partilhar.

Precisa-se de jovens que se valorizem e valorizem os outros.

Jovens capazes de compreender a riqueza da diversidade humana e de fazer o outro sentir-se bem a seu lado.

Precisa-se de jovens que saibam o que é **fraternidade** e sejam capazes de doar não apenas cuidados, mas seu coração.

Jovens que não se **aliem** à corrupção e caminhem de mãos dadas com a **ética**, a honestidade e a justiça.

Precisa-se de jovens capazes de semear a paz, a esperança, a fé, o amor e a alegria de viver.

Precisa-se de jovens que cuidem do planeta e o ajudem a renascer.

Este jovem procurado está bem perto: depende do seu querer.

O mundo espera por você.

Escrito especialmente para esta obra.

94

1. "Precisa-se de jovens que queiram semear". De acordo com o texto, o que precisa ser semeado?

_____
_____
_____

2. Explique a expressão "as coisas não vão se arrumar sozinhas, então precisamos nos tornar agentes de transformação".

_____
_____
_____
_____

3. De acordo com o poema, o mundo espera por você. O que você, hoje, com seus valores e conhecimentos, pode oferecer ao mundo que o cerca para torná-lo um pouco melhor?

_____
_____
_____
_____

4. No diagrama de palavras você encontrará nove verbos que expressam atitudes que podem fazer do mundo um lugar melhor para se viver.

K	V	R	A	S	Y	I	E	Z	E	V	B	A	O	V
D	A	B	E	U	A	D	V	A	C	I	C	M	X	Z
I	D	H	V	S	E	R	V	I	R	D	U	A	B	A
A	L	B	Q	C	P	R	O	T	E	G	E	R	G	L
L	M	U	T	O	L	E	R	A	R	E	A	Z	D	E
O	A	B	P	A	R	T	I	C	I	P	A	R	Ç	G
G	T	E	D	V	B	A	Z	T	Y	V	B	A	Y	R
A	C	P	A	R	T	I	L	H	A	R	A	C	G	A
R	K	O	V	C	Y	O	Y	O	C	R	U	S	D	R
Z	S	A	D	I	A	Z	U	V	I	E	C	A	X	V

AMPLIANDO O CONHECIMENTO
Cidadania

OS 8 OBJETIVOS DE DESENVOLVIMENTO DO MILÊNIO

Em 25 de setembro de 2015 foi aprovada a Agenda 2030 para o Desenvolvimento Sustentável, a qual contém 17 Objetivos de Desenvolvimento Sustentável (ODS) e 169 metas relacionadas a eles.

Os ODS aprovados foram construídos sobre as bases estabelecidas pelos Objetivos de Desenvolvimento do Milênio (ODM), os quais visavam reduzir a pobreza extrema, promover o bem-estar e a prosperidade geral, defender o meio ambiente e combater as mudanças climáticas, com metas a serem atingidas até 2015.

Assim, os ODS tinham o objetivo de completar o trabalho proposto pelos ODM e responder aos novos desafios globais, como os decorrentes de alterações climáticas, do aumento das desigualdades sociais, entre outros.

O último relatório dos Objetivos do Milênio da ONU mostra que o esforço de 15 anos tem produzido o mais bem-sucedido movimento de combate à pobreza da história.

- Desde 1990, o número de pessoas que vivem em extrema pobreza diminuiu em mais da metade;
- A proporção de pessoas subnutridas nas regiões em desenvolvimento caiu quase pela metade;
- A taxa de matrículas no ensino primário nas regiões em desenvolvimento atingiu 91 por cento, e muito mais meninas estão agora na escola em comparação com 15 anos atrás;
- Ganhos notáveis também foram feitos na luta contra o HIV/AIDS, a malária e a tuberculose;
- A taxa de mortalidade de menores de cinco anos diminuiu em mais da metade, e a mortalidade materna caiu 45 por cento no mundo;
- A meta de reduzir pela metade a proporção de pessoas que não têm acesso a fontes de água potável também foi atendida.

Os **esforços concertados** de governos nacionais, da comunidade internacional, da sociedade civil e do setor privado têm ajudado a expandir esperança e oportunidade para as pessoas ao redor do mundo. [...]

OS 8 OBJETIVOS de Desenvolvimento do Milênio. *In*: REDES. São Paulo: [s. n.], [201-?]. Disponível em: http://www.novosite.ssps.org.br/public.asp?12258-20608-os-8-objetivos-de-desenvolvimento-do-milenio. Acesso em: 15 fev. 2020.

Esforço concertado: esforço harmônico.

1. Usando canetas ou lápis coloridos, preencha este quadro com palavras que representem o mundo bom e bonito que você deseja para você e para todos nós.

96

PARA LER E REFLETIR

Paradoxo do mundo moderno

Nunca tivemos um avanço tão grande na tecnologia, mas o homem nunca experimentou tantos transtornos psíquicos. Nunca tivemos tantos meios para nos proporcionar conforto – os veículos, o telefone, a geladeira –, mas o homem nunca se sentiu tão desconfortável em sua mente. Nunca tivemos tantos meios para nos dar prazer –, mas o homem nunca foi tão triste.

A sociedade moderna se tornou uma fábrica de estresse. E você vive nesse mundo maluco! O que fazer?

CURY, Augusto. *Dez leis para ser feliz*: ferramentas para se apaixonar pela vida. Rio de Janeiro: Sextante, 2003. p. 30.

1. Pensando em sua família, assinale as eventuais causas de estresse que existem em sua casa.

a) ( ) Perda de emprego.
b) ( ) Doença de algum membro da família.
c) ( ) Pouco tempo para o lazer.
d) ( ) Excesso de trabalho no cotidiano dos pais.
e) ( ) Desgaste no trânsito por causa dos engarrafamentos.
f) ( ) Preocupação com notas baixas na escola.
g) ( ) Ansiedade causada pela insegurança e o medo da violência.
h) ( ) Excesso de atividades de casa.
i) ( ) Falta de compromisso dos familiares com a organização da casa.
j) ( ) Preocupação com a saúde, os estudos e as amizades dos filhos.
k) ( ) Desrespeito e falta de cuidado de uns com os outros.
l) ( ) Baixa autoestima dos familiares.

2. De acordo com suas respostas na atividade anterior, reflita sobre o que você pode fazer para ajudar a melhorar o ambiente de sua casa e amenizar o estresse de todos com quem você mora. Em seguida, em seu caderno registre suas conclusões.

3. Leia a tirinha a seguir. Embora trate das dificuldades do dia a dia, ela mostra uma saída. Converse com seus amigos sobre qual é a saída indicada por ela.

MOMENTO DE REFLEXÃO

1. Ao longo deste diálogo, refletimos sobre a diferença entre o mundo em que vivemos e o mundo que queremos. Em sua opinião, o que precisamos fazer para aproximar a realidade cotidiana do nosso desejo?

2. Segundo os Objetivos de Desenvolvimento do Milênio (ODM), existem problemas que estão encaminhados e outros que ainda exigem grande esforço coletivo para serem superados. Reflita sobre a lista a seguir e escreva 1 para problemas que estão bem encaminhados e 2 para problemas que precisam ser melhorados.

a) (   ) epidemia de varíola
b) (   ) epidemias de HIV e ebola
c) (   ) sustentabilidade ambiental
d) (   ) comunicação a distância
e) (   ) analfabetismo
f) (   ) acolhimento a refugiados
g) (   ) distribuição de renda
h) (   ) saúde pública
i) (   ) qualidade de moradia
j) (   ) apoio a deficientes
k) (   ) respeito aos direitos da mulher

3. Leia a tirinha e explique como você pode relacionar o pensamento do personagem ao que você refletiu neste diálogo.

Estipulado: o mesmo que determinado, estabelecido.

COMPROMISSO DA SEMANA

Durante esta semana, meu compromisso será garantir que meu quarto e minha casa mudem para melhor. Para isso, vou organizar e manter meu quarto em ordem e contribuir para a limpeza da casa. Respeitarei os horários **estipulados** pelos meus pais. Por fim, evitarei brigas e conflitos desnecessários com irmãos e responsáveis.

PENSE NISSO

Retomando um termo utilizado em budismo, nosso corpo é nosso "veículo" na viagem da vida. Pois bem, geralmente, é quando ele nos faz sofrer que resolvemos nos comunicar com ele. Vamos aprender a entrar em contato com nosso corpo e realmente habitá-lo em todos os momentos. Se permanecermos desligados das nossas sensações, não conseguiremos perceber a tempo o impacto que o mundo exterior provoca em nós. Portanto, aprender a se reconectar com o próprio corpo é essencial para sua qualidade de vida.

KOTSON, Ilios. *Caderno de exercícios de atenção plena.* Petrópolis: Editora Vozes, 2017. p. 17.

MEUS **PENSAMENTOS**

Anote aqui o que mais marcou você durante as reflexões deste diálogo. É possível que tenha sido uma ideia, um desejo, um sentimento, uma descoberta, uma proposta...

Caso queira, aproveite a oportunidade e ilustre seus sentimentos.

DIÁLOGO 12
O mundo precisa de mim

▶ Corresponsabilidade é assumir que as tarefas de cuidado devem ser compartilhadas entre homens e mulheres, o Estado e as famílias, bem como pela sociedade em geral.

Corresponsabilidade

Harmonioso: que está em harmonia, em paz.

Você já parou para pensar como pode contribuir para um mundo melhor? Afinal, todos desejamos viver em uma sociedade mais harmoniosa. Por isso, precisamos entender que esse mundo melhor não começa com o outro, mas dentro de nós. Os fatos a nossa volta, como a corrupção, a violência, o abandono social e familiar, o descaso político, o descuido social, entre outros problemas sociais, políticos e humanitários, despertam em nós a vontade de contribuir para uma mudança positiva para o mundo.

Entretanto, é impossível mudar o mundo sem, antes, mudarmos a nós mesmos. Precisamos nos tornar pessoas melhores para que sejamos capazes de fazer um mundo melhor. Isso começa por buscar agir com honestidade no dia a dia, respeitando o espaço do outro e as diferenças entre as pessoas, aprendendo a controlar melhor nossas emoções e a agir de forma não violenta. Dessa maneira, contribuiremos para um ambiente mais **harmonioso** a nosso redor, podendo influenciar outras pessoas que ajudem a construir um mundo melhor.

Ao unir otimismo, tolerância, respeito e bondade, podemos restaurar a paz no mundo. Parece difícil, mas não nascemos para praticar violência; nascemos para viver o bem, o amor e construir esperança e paz.

Praticando a responsabilidade

Ao longo da vida, você poderá se **deparar** com pessoas que dirão que o sistema econômico em que vivemos sempre vai resultar em desigualdades e, portanto, continuará gerando pobreza.

Diante desse tipo de argumento não devemos cruzar os braços e nada fazer. Um exemplo prático de mudança social muito comum hoje em dia é o fato de empresas se comprometerem com causas sociais, por meio da doação de parte de seus lucros ou da criação de fundações e institutos sociais. Você pode, por exemplo, juntar-se a essas iniciativas ou dar preferência para consumir produtos de empresas social ou ambientalmente responsáveis.

É você que vai decidir como ajudar a mudar sua realidade próxima e o mundo, levando em consideração seus valores e crenças. O importante é não **ceder** ao pessimismo.

Muitas vezes, os grandes problemas da humanidade também estão a nosso lado e o mundo conta com cada um de nós para superá-los. Assim, por exemplo, podemos constatar que muitos dos problemas **sociopolíticos** ocorrem também próximos a nós, por exemplo, em nosso bairro, em nossa cidade e país.

Ouvimos falar do desmatamento na Amazônia, mas nas cidades muitos cortam árvores a fim de abrir espaço para garagens ou evitar a tarefa de limpar as folhas que caem. Ouvimos falar de guerras religiosas em diferentes países, mas convivemos com pessoas que ofendem umas às outras por causa de suas práticas religiosas.

Em situações semelhantes em sua realidade, você pode tentar agir para transformá-las. Você pode ser a semente de uma nova realidade!

> **Ceder:** renunciar a alguma coisa; abrir mão de algo.
>
> **Deparar-se:** encontrar-se inesperadamente com alguém ou algo; defrontar-se.
>
> **Sociopolítico:** no caso do texto, problemas que ao mesmo tempo são de origem social e política.

▶ Projeto social realizado na Comunidade do Complexo do Alemão, Morro dos Mineiros, Rio de Janeiro (RJ).

MOMENTO de PROSA

01 Você acredita que a mudança de cada um de nós afeta o mundo? Explique sua opinião.

02 A política e a educação são fatores que contribuem para melhorar ou piorar o mundo. Você concorda com essa afirmativa? Explique.

03 Explique a afirmação: "Para quem não sabe o que faz, a culpa é sempre do outro"?

Terceiro Momento | Valores essenciais para a construção de um mundo melhor

AMPLIANDO O CONHECIMENTO
Ética e cidadania

Vamos mudar o mundo?

O exemplo

As palavras a seguir foram escritas na tumba de um bispo anglicano (1100 d.C.), nas criptas da Abadia de Westminster:

"Quando era jovem e livre, e minha imaginação não tinha limites, eu sonhava em mudar o mundo. Quando fiquei mais velho e mais sábio, descobri que o mundo não mudaria, e assim reduzi um pouco os limites de meu ideal e decidi mudar apenas meu país. Porém este, também, parecia imutável.

À medida que chegava ao **crepúsculo**, numa última e desesperada tentativa, procurei mudar apenas minha família, aqueles mais próximos a mim, mas, ai de mim, eles não mudaram.

E agora, deitado em meu leito de morte, subitamente percebo: se eu tivesse apenas mudado a mim mesmo primeiro, então, pelo exemplo, eu teria mudado minha família.

Com sua inspiração e estímulo, eu poderia ter melhorado meu país e, quem sabe, até ter mudado o mundo."

CANFIELD, Jack; HANSEN, Mark Victor. *Canja de galinha para a alma*: 89 histórias para abrir o coração e reavivar o espírito. Rio de Janeiro: Ediouro, 1995. p. 84.

Crepúsculo: claridade fraca e indireta dos períodos de transição do dia para a noite e vice-versa. Período em que o Sol ainda não está visível no céu ou já se pôs, mas sua luz incide nas camadas superiores da atmosfera.

Mude o ângulo!

[...] vermos a realidade de diversos ângulos faz também com que enxerguemos diversas outras soluções e, mais importante que isso, vermos diversos outros motivos pelos quais aquilo é daquele jeito.

Então, antes de tentar mudar "o mundo", mude de posição.

Sabe aquela pessoa ou projeto que você critica ou de que não gosta? Tente se colocar em outro ângulo e veja se os defeitos persistem.

[...]

ZEPPELINI, Marcio. Vamos mudar o mundo? *Filantropia*, São Paulo, 20 ago. 2019. Disponível em: https://www.filantropia.org/informacao/vamos-mudar-o-mundo. Acesso em: 17 dez. 2019.

PENSE NISSO

Pessoa responsável é a que tem consciência dos próprios atos e procura descobrir como suas atitudes podem interferir na sociedade em que vive, positiva ou negativamente.

1. Por que nossa forma de mudar o mundo pode ajudar a transformá-lo?

102

Todos podemos mudar o mundo

Já vimos que construir uma sociedade boa para todos é uma tarefa coletiva! Agora, vamos conhecer exemplos de contribuições sociais.

O programa Amigos da Escola é uma ação de voluntariado que envolve professores, estudantes e familiares a favor de uma educação melhor nas escolas públicas. Ele contribui com grupos de incentivo à leitura, sessões de reforço escolar, práticas de incentivo à saúde e ao bem-estar, entre outras atividades.

Outra iniciativa educacional, que envolve várias universidades, é a criação de cursinhos populares com o objetivo de ajudar estudantes de baixa renda a ingressar no Ensino Superior.

Na área ambiental, um exemplo é a ONG WWF, que desde 1971 tem trabalhado em projetos de conservação ambiental. Essa organização apoia o Projeto Tamar, que protege tartarugas em risco de extinção no litoral brasileiro, além de ajudar programas de proteção ao mico-leão-dourado, cujas quatro espécies estão ameaçadas de extinção.

Outra organização que contribui socialmente é o Greenpeace, que atua em âmbito mundial. No Brasil, iniciou suas atividades alertando para os riscos de acidentes nucleares nas usinas de produção de energia atômica. Ela já atuou significativamente no controle da emissão de gases que aceleram o efeito estufa e na proteção da Floresta Amazônica contra o desmatamento.

Se você procurar, descobrirá várias entidades que distribuem alimentos, apoiam pacientes terminais em hospitais, pessoas com deficiência ou doenças graves. Também é fácil encontrar projetos de apoio ao desenvolvimento artístico em escolas e instituições que cuidam de dependentes químicos.

▶ Estudantes pré-vestibular da ONG Educafro. São Paulo (SP).

▶ Projeto Tamar. Florianópolis (SC).

Terceiro Momento | Valores essenciais para a construção de um mundo melhor **103**

PARA LER E REFLETIR

Quanto mais procurarmos, mais descobriremos que Armandinho, o personagem da tirinha, está certo: quem busca praticar o bem e fazer mudanças não está sozinho.

Especialmente em nossos dias, em que a internet favorece a circulação de informações, as pessoas conseguem se conectar umas às outras com facilidade e mover verdadeiras correntes por um mundo melhor.

Podemos citar, por exemplo, a ajuda humanitária que chega cada vez mais rápido após desastres, como o que ocorreu nas cidades mineiras de Mariana, em 2015, e de Brumadinho, em 2019, onde o rompimento das barragens de rejeitos de mineração causou uma enchente de lama tóxica, matando centenas de pessoas. Apesar dos horrores da tragédia, pudemos ver verdadeiros atos de heroísmo dos bombeiros, salvando vidas humanas e de animais.

▶ Bombeiros trabalhando no resgate das vítimas na região de Tejuco, em Brumadinho (MG).

1. Observe as fotos. Que sentimentos elas despertaram em você? Escreva um pequeno texto sobre o que você sentiu e pensou nesse momento.

2. Partilhe com os colegas o texto que você escreveu.

104

O QUE FAZ A DIFERENÇA

PENSE NISSO

Foi aí que eu percebi que era uma reunião. Virtudes e Sentimentos debatendo esta questão. E a Razão disse à Bondade: "Só se muda a humanidade consertando o coração".

BESSA, Bráulio. *Poesia que transforma*. Rio de Janeiro: Sextante, 2018. p. 140.

O efeito da positividade no meio social e cultural

Uma das descobertas mais interessantes nas pesquisas sobre positividade, e que eu considero uma das chaves para resolver o problema do preconceito racial e a dificuldade de socialização, é o efeito da positividade com relação a pessoas estranhas ou de outras culturas, provando como ela amplia a mente das pessoas e as [torna] mais abertas para o mundo.

Estudos realizados verificaram que pessoas submetidas a emoções positivas tendiam a reconhecer pessoas de outras etnias de forma tão eficiente quanto as pessoas da própria raça. Isso quer dizer que pessoas envolvidas por emoções positivas tendem a eliminar o estranhamento e a distância racial com relação àqueles que não fazem parte do seu círculo comum. Outro benefício proporcionado pela positividade é que ela é algo contagioso, e isso, do ponto de vista social, é uma ferramenta formidável criando mais compaixão, generosidade e reciprocidade entre o grupo. Isso prova que a espiral ascendente da positividade cresce e se amplia não apenas no indivíduo mas também no seu meio social, ao passo que nossas atitudes positivas acabam gerando ainda mais atitudes positivas nos outros e se multiplicando progressivamente.

OMAIS, Sálua. *Manual de Psicologia Positiva*: tudo o que você precisa saber sobre o movimento que vem mudando a forma de olhar o ser humano, despertando o melhor das pessoas e unindo ciência, felicidade e bem-estar. Rio de Janeiro: Qualitymark, 2018. p. 54-55.

A tirinha traz uma mensagem de esperança. Não estamos sós. Há muitas pessoas dispostas a atuar, pessoas plenas de bondade e proatividade. Precisamos nos unir a essas pessoas, pois juntos fazemos a diferença.

MOMENTO DE REFLEXÃO

1. Quando lemos ou ouvimos que os sistemas político, econômico e educacional atuais são um problema e que a responsabilidade por não termos um mundo melhor também é nossa, podemos entender que:

a) (　) Os governos e políticos não têm nenhuma responsabilidade sobre os problemas do mundo, pois cabe a cada um superar as próprias dificuldades.

b) (　) Os problemas que assolam o mundo são responsabilidade exclusiva do governo e dos políticos, pois as causas únicas de todos os problemas são a corrupção e a desonestidade deles.

c) (　) As pessoas serão capazes de fazer um mundo perfeito por meio da ação solidária se ignorarem a ação dos políticos e a economia dos países.

d) (　) A educação, a política e a economia são fatores importantes para superar vários problemas do mundo, mas só conseguiremos solucioná-los se nos tornarmos agentes de um mundo melhor nas ações do dia a dia.

e) (　) Não existem pessoas culpadas pela situação atual do mundo, já que o mundo foi criado com problemas e ninguém pode fazer nada.

2. Pensando no mundo que deseja, liste algumas ações que você pode adotar para ter um mundo melhor nos seguintes ambientes:

a) em casa

b) em sua escola

c) na rua ou no bairro em que você mora

PENSE NISSO

Eu nunca quis entender de política. Só quis entender da bondade e dos seus caminhos. A política foi uma consequência e não a inspiração... Eu teria feito as mesmas coisas, ainda que não houvesse consequência alguma. [...] Os políticos, acostumados a usar o poder da força, desconhecem o poder das sementes... [...]. Não haverá parto se a semente não for plantada muito tempo antes... Não haverá borboletas se a vida não passar por longas e silenciosas metamorfoses...

ALVES, Rubem. *O retorno eterno*: crônicas. Campinas: Papirus, 2001.

COMPROMISSO DA SEMANA

Meu compromisso desta semana é trazer para a escola uma notícia muito boa e repassá-la para minha turma. Vou fazer um cartaz com a notícia e, se possível, colocarei fotos. Assim, vou levar alegria e esperança para meus colegas e ajudá-los a serem pessoas melhores a cada dia.

MEUS **PENSAMENTOS**

Anote aqui o que mais marcou você durante as reflexões deste diálogo. É possível que tenha sido uma ideia, um desejo, um sentimento, uma descoberta, uma proposta...

Caso queira, aproveite a oportunidade e ilustre seus sentimentos.

Terceiro Momento | Valores essenciais para a construção de um mundo melhor

DIÁLOGO 13

O poder da esperança

▶ Enquanto houver motivos para acreditar que agir é possível, haverá esperança.

Esperar também é agir

Você já percebeu que as palavras **esperança** e **esperar** são muito parecidas?

Viver com esperança significa que somos capazes de ver beleza e potencial em todas as pessoas, situações e coisas. Significa que estamos dispostos a trabalhar para tornar nosso mundo um lugar melhor. A esperança é importante para vencer frustrações: quando lutamos para vencer desafios, mas fracassamos, é a esperança que nos ajuda a levantar no dia seguinte e continuar tentando.

A espera é o tempo que passa enquanto aguardamos alguma coisa acontecer. Em alguns momentos, ter esperança pode significar estar à espera de algo. Posso ter esperança de que a intolerância e o desrespeito às diferenças tenham um fim ou de que o desmatamento na Amazônia seja reduzido, por exemplo. Assim, estarei esperando que isso aconteça.

Mas, se pensarmos sobre o que já estudamos no Terceiro Momento, notaremos que a esperança no sentido de "esperar" não traz mudanças efetivas. Se ficarmos inativos esperando que o mundo melhore, como quem aguarda o próximo ônibus, nada de novo acontecerá.

Quanto tempo esperaremos até que o respeito e a tolerância sejam uma realidade no mundo ou que o desmatamento acabe se todos aguardarem e ninguém fizer nada?

Acreditando na mudança

A esperança que procuramos é diferente. Ela se aproxima mais da palavra acreditar do que da palavra esperar. Para descobrir o verdadeiro poder da esperança, é necessário acreditar firmemente que algo acontecerá e tomar as providências que facilitem sua concretização. Só então podemos começar a esperar.

Suponha que um estudante esteja com notas ruins na escola. Ele pode ter esperança de que na próxima atividade avaliativa seja possível recuperar a média. Se essa esperança significa apenas esperar uma nota melhor na próxima prova, ela é inútil, pois nada mudará até lá, nem sua capacidade nem seus conhecimentos.

Mas se ele adotar uma postura ativa, utilizando o tempo para estudar, participando em sala de aula e procurando resolver suas dúvidas, então pode contar que algo diferente acontecerá. Quando a data da prova chegar, ele estará mais preparado e poderá conseguir recuperar a nota. Percebeu a diferença?

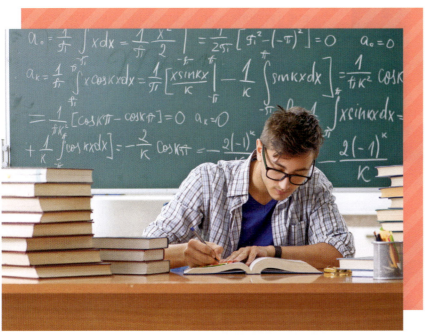

▶ A postura ativa modifica a realidade interna e contribui para obtermos bons resultados no cotidiano.

O mesmo raciocínio vale para alcançarmos o mundo que desejamos. Se tivermos esperança na paz, na saúde e na melhoria da qualidade de vida e permanecermos esperando que um dia isso aconteça, provavelmente terminaremos a vida sem perceber grandes mudanças no mundo. Mas se assumirmos uma postura positiva e agirmos cotidianamente para que o futuro seja diferente, nossa esperança terá mais valor. Esse é o caso de vários exemplos que mencionamos nas ilustrações deste diálogo, como Maria da Penha, os negros estadunidenses que lutaram pelo direito ao voto e Martin Luther King, entre outros.

Então, qual é o poder da esperança? É o poder de nos fazer acreditar em um futuro melhor e nos motivar a buscar esse futuro com toda nossa força. É o poder de transformar a espera em tempo útil, de arquitetar o futuro para que chegue como nós planejamos!

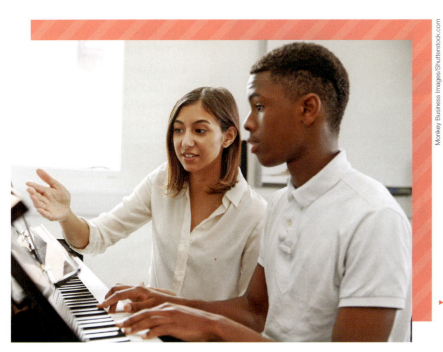

▶ O planejamento e o esforço pessoal são fundamentais para a conquista de nossos objetivos são fundamentais para conquistarmos nossos objetivos e nos realizarmos.

Indignação e coragem

▶ Barack Obama foi o primeiro presidente negro a ser eleito nos Estados Unidos da América. Isso mostra a força da esperança de uma população na qual, há poucas décadas, os afrodescendentes não podiam sequer frequentar as mesmas escolas que a população branca. Washington, Estados Unidos, 2009.

Para que possamos transformar o mundo, contamos com o apoio de dois outros sentimentos importantes: a **indignação** e a **coragem**.

A indignação se faz sentir toda vez que vemos uma situação com a qual não concordamos, que nos causa incômodo. É ela que nos impulsiona a questionar o estado atual das coisas e buscar algo diferente.

Por sua vez, a coragem nos mantém firmes no caminho que escolhemos para alcançar as mudanças. É ela que nos ajuda quando temos dúvidas se vamos conseguir ou quando nos deparamos com dificuldades.

Indignação e coragem são como uma luz que guia o caminho para a esperança: a primeira mostra em que direção devemos andar; a segunda afasta o medo causado pela escuridão.

Maria da Penha Maia Fernandes é um exemplo de esperança. Indignada com a impunidade de seu marido, que tentou matá-la duas vezes, encheu-se de coragem e lutou para que houvesse uma lei contra a violência doméstica no Brasil. Hoje, a Lei nº 11.340/2006 tem o nome dela e ajuda mulheres em situação de violência doméstica a condenar seus agressores.

A esperança corresponde aos anseios de felicidade de todos nós. Ela dá sentido a nossa vida. O contrário de esperança é desesperança ou desespero, ou seja, total descrença na vida. A perda de esperança nos faz insensíveis, enfraquece nossos relacionamentos, deixa a vida sem sabor.

A esperança nos dá entusiasmo, vontade de vencer e viver. É a esperança que nos dá coragem de lutar por um mundo melhor. Ela é o combustível de nossa vida.

Não podemos perder a esperança!

▶ Maria da Penha Maia Fernandes inspirou a lei que criminaliza a violência específica contra as mulheres.

110

MOMENTO DE REFLEXÃO

1. Após ler o texto, como você entende a diferença entre **esperar** e **ter esperança**?

2. Vimos que a esperança tem dois poderosos aliados: a indignação e a coragem. Sobre esses sentimentos, responda às perguntas abaixo.

a) Qual deve ser o papel da indignação em nosso crescimento e comprometimento como pessoa?

b) E qual deve ser o papel da coragem para atingirmos nosso objetivo?

3. Suponha que você esteja incomodado com a falta de árvores em sua cidade. Talvez você fique indignado com a força das enxurradas quando chove, com o calor durante os dias de sol e a falta de sombra para caminhar nas ruas. Qual seria a melhor forma de agir para que a esperança de uma mudança se realizasse?

a) ( ) Aguardar que algum político tome providências, aprovando leis ou promovendo uma política pública de arborização da cidade, e conscientizar as pessoas de que a responsabilidade para resolver esse tipo de problema é uma ação exclusiva do governo.

b) ( ) Tomar para si a responsabilidade de arborizar a cidade procurando se envolver com algum projeto voltado para essa questão, comprando mudas de árvores e plantando-as nos fins de semana. Usar as redes sociais para compartilhar os resultados da tarefa.

c) ( ) Reclamar ativamente do problema nas redes sociais até que alguém tome alguma providência e resolva definitivamente a questão. Depois, agradecer a essa pessoa e compartilhar os resultados das ações dela.

d) ( ) Mover ou participar de campanhas de conscientização e arrecadação de fundos e depois agendar datas para, coletivamente, plantar árvores. Em paralelo, apoiar políticos que se preocupam com a temática ambiental.

4. Procure no dicionário o significado da palavra **esperança**.

5. Agora, procure o significado da palavra **desespero** e o relacione à palavra **esperança**.

6. Represente com um desenho algo que você tem esperança de que aconteça e que seja importante para sua vida pessoal ou para o mundo.

AMPLIANDO O CONHECIMENTO
Filosofia

Nossa nova e maravilhosa combatividade mostrou à comunidade negra que não devemos ter uma desconfiança para com todas as pessoas brancas, para muitos de nossos irmãos brancos, como comprovamos pela presença deles aqui hoje, vieram entender que o destino deles é amarrado ao nosso destino. Eles vieram perceber que a liberdade deles é ligada indissoluvelmente a nossa liberdade. Nós não podemos caminhar só.

[...]

Voltem para o Mississippi, voltem para o Alabama, voltem para a Carolina do Sul, voltem para a Geórgia, voltem para Louisiana, voltem para as ruas sujas e guetos de nossas cidades do norte, sabendo que de alguma maneira esta situação pode e será mudada. Não se deixe cair no vale de desespero. Eu digo a vocês hoje, meus amigos, que embora nós enfrentemos as dificuldades de hoje e amanhã, eu ainda tenho um sonho. É um sonho profundamente enraizado no sonho americano. Eu tenho um sonho que um dia esta nação se levantará e viverá o verdadeiro significado de sua crença – nós celebraremos estas verdades e elas serão claras para todos, que os homens são criados iguais. Eu tenho um sonho que um dia nas colinas vermelhas da Geórgia os filhos dos descendentes de escravos e os filhos dos descendentes dos donos de escravos poderão se sentar junto à mesa da fraternidade. [...] Eu tenho um sonho que minhas quatro pequenas crianças vão um dia viver em uma nação onde elas não serão julgadas pela cor da pele, mas pelo conteúdo de seu caráter. Eu tenho um sonho hoje! [...] Esta é a fé com que regressarei para o Sul. Com esta fé nós poderemos cortar da montanha do desespero uma pedra de esperança. Com esta fé nós poderemos transformar as discórdias estridentes de nossa nação em uma bela sinfonia de fraternidade. Com esta fé nós poderemos trabalhar juntos, rezar juntos, lutar juntos, para ir encarcerar juntos, defender liberdade juntos, e quem sabe nós seremos um dia livres.

[...] E quando isto acontecer, quando nós permitimos o sino da liberdade soar, quando nós deixarmos ele soar em toda moradia e todo vilarejo, em todo estado e em toda cidade, nós poderemos acelerar aquele dia quando todas as crianças de Deus, homens pretos e homens brancos, judeus e gentios, protestantes e católicos, poderão unir mãos e cantar nas palavras do velho spiritual negro: "Livre afinal, livre afinal. Agradeço ao Deus Todo-Poderoso, nós somos livres afinal".

"EU tenho um sonho": lembre o lendário discurso de Martin Luther King. *O Globo*, Rio de Janeiro, 14 maio 2018. Disponível em: https://oglobo.globo.com/mundo/eu-tenho-um-sonho-lembre-lendario-discurso-de-martin-luther-king-22543575. Acesso em: 1 mar. 2020.

Ricardo Ventura

Terceiro Momento | Valores essenciais para a construção de um mundo melhor

PARA LER E REFLETIR

O texto reproduzido a seguir é uma oração comumente conhecida como "Oração de São Francisco" ou "Oração pela paz". Não se sabe muito sobre a origem desse texto, datado provavelmente do início do século XX, mas certamente não foi escrito por São Francisco. Mesmo assim, essa oração é importante pela mensagem que transmite. Leia-a com atenção.

▶ São Francisco representado em escultura de barro, artesanato típico do Nordeste brasileiro.

Oração de São Francisco de Assis

SENHOR!

Fazei de mim um instrumento de vossa paz,

Onde houver ódio, que eu leve o amor,

Onde houver ofensas, que eu leve o perdão,

Onde houver discórdia, que eu leve a união,

Onde houver dúvidas, que eu leve a fé,

Onde houver erros, que eu leve a verdade,

Onde houver desespero, que eu leve a esperança,

Onde houver tristeza, que eu leve alegria,

Onde houver trevas, que eu leve a luz.

[...]

Fazei com que eu procure mais

Consolar que ser consolado,

Compreender que ser compreendido,

Amar que ser amado...

Pois:

É dando que se recebe,

É perdoando que se é perdoado

E é morrendo que se vive para

A vida eterna.

ORAÇÃO de São Francisco de Assis. *In*: GRUPO FRANCISCO DE ASSIS. Águas Claras: GFA, 28 nov. 2011. Disponível em: www.gfa.org.br/oracao-de-sao-francisco-de-assis. Acesso em: 20 fev. 2020.

PENSE NISSO

A esperança é o que dá sentido à vida. Sem ela, a vida perde o sabor. A esperança é nosso estímulo para seguir em frente e buscar o que almejamos. Ela é o combustível da vida que nos impulsiona e nos anima a prosseguir. É a esperança que nos dá o desejo e a coragem de viver e de ser.

1. Escolha e copie três dos pedidos contidos na oração. Para onde e para quem você gostaria de levar esses dons?

PENSE NISSO

A esperança não é, simplesmente, um sentimento; a esperança é uma virtude inerente à bondade, é característica de pessoas que são altruístas, corajosas e otimistas.

COMPROMISSO DA SEMANA

Meu compromisso é definir um caminho para minha esperança. Vou pensar em uma coisa que almejo e tomar uma atitude, esta semana, que me ajudará a alcançar meu objetivo.

O QUE ALMEJO
O QUE FAREI PARA ALCANÇAR ESSE OBJETIVO

HOJE:

ESTA SEMANA:

ESTE MÊS:

MEUS PENSAMENTOS

Anote aqui o que mais marcou você durante as reflexões deste diálogo. É possível que tenha sido uma ideia, um desejo, um sentimento, uma descoberta, uma proposta...

Caso queira, aproveite a oportunidade e ilustre seus sentimentos.

Terceiro Momento | Valores essenciais para a construção de um mundo melhor

DIÁLOGO 14
A força da solidariedade

Os Doutores da Alegria são um grupo de palhaços profissionais que, solidariamente, visita crianças internadas em hospitais. O objetivo é levar alegria e conforto aos pacientes, que assim se recuperam mais rapidamente e ganham forças para lutar contra sua doença. Na fotografia, os "besteirologistas" visitam o Hospital Universitário Oswaldo Cruz/Procape. Recife (PE), 2015.

A solidariedade é um valor que deve ser cultivado, desde a infância, na convivência com a família e com as pessoas em geral. Quando se cresce convivendo com a amizade, a alegria, a ajuda mútua e o cuidado com o outro, aprende-se a ser solidário. Contudo, o ato de aprender é interativo e dinâmico; você nunca está pronto, pois seu aprendizado é contínuo.

Solidariedade não é caridade: é partilha, é doação. É negar o egoísmo e **comungar** com o outro o que se tem e o que se é. Ao longo dos diálogos anteriores, já abordamos algumas vezes a solidariedade. Agora, é hora de aprofundar esse estudo e perceber que ela pode e deve ocorrer em vários lugares e de várias formas diferentes.

Comungar: neste texto, compartilhar, dividir.

MOMENTO de PROSA

01 Observe com atenção a imagem de abertura do diálogo. O que está acontecendo na cena? Quem são as pessoas que compõem a imagem? Que relação ela tem com a solidariedade?

Perceber o outro

▶ A solidariedade pode ser praticada também em casa, no dia a dia.

Quando abordamos temas relacionados à solidariedade, vimos que esta diz respeito à relação entre as pessoas e o sentimento que as leva a cuidar e ajudar o outro, espontaneamente.

O principal motor da solidariedade é a **empatia**. Essa palavra significa a capacidade de se colocar no lugar do outro, ou seja, diz respeito à nossa habilidade de perceber e buscar o entendimento da situação do outro e agir com base nisso, de acordo com a seguinte ideia: a pessoa precisa de mim; se eu estivesse no lugar dela, gostaria de ter ajuda.

Sem dúvida, essa capacidade de se colocar no lugar do outro é um valor essencial para a solidariedade. Como podemos ajudar o outro se não compreendemos sua situação, se não buscamos entender o que a pessoa sente e os motivos que a levaram à situação em questão?

Portanto, para sermos solidários precisamos, antes de tudo, ser empáticos e assumirmos uma postura **proativa** na vida.

Muitas das pessoas que precisam de ajuda não estão em nossos círculos sociais mais próximos. São pessoas completamente desconhecidas, para as quais precisamos nos abrir, ir ao encontro delas, a fim de conhecer sua realidade e as dificuldades pelas quais passam.

Empatia: capacidade de identificar-se com o outro. É colocar-se no lugar do outro.

Proativo: aquele que tem a habilidade de identificar antecipadamente uma situação e agir antes de ela acontecer.

Ninguém nasce pronto para a vida. Vamos aprendendo aos poucos: autoconhecimento, autoconfiança, autoestima... Assim vamos nos tornando seres únicos no mundo. O ser humano só irá se desenvolver e se realizar se puder se conhecer, se respeitar e se amar. Esse é o caminho para viver a solidariedade. Quando eu me amo, sou capaz de amar o outro, de me incluir e de me comprometer com ele.

Para que a solidariedade seja possível, temos de desenvolver a empatia. Para alguns estudiosos da neurociência, há três níveis de empatia: perceber o outro, se importar com o outro e buscar fazer algo pelo outro. Exercitar a solidariedade, portanto, corresponde ao grau mais alto de empatia.

Terceiro Momento | Valores essenciais para a construção de um mundo melhor

O QUE FAZ A DIFERENÇA

Conchavo: entendimento entre várias partes; acordo, união, combinação por um fim ou intento mau; conluio.

Esgarçado: desfiado; com os fios afastados, rasgando o tecido.

O valor da solidariedade

Viver a solidariedade é indispensável para possibilitar que as práticas políticas recuperem a sua inteireza. É necessária uma limpeza nos mais variados mecanismos de funcionamento da política, e de forma urgente.

A solidariedade, por ser um valor capaz de requalificar, permite reconstruir o **esgarçado** tecido da cidadania. Por isso, em todos os momentos, em diferentes sociedades, é indispensável fazer referência, propor iniciativas e refletir sobre a solidariedade. No coração da prática solidária está o princípio fundamental e inegociável da consideração para com o outro.

[...]

Semear a solidariedade

Embora, muitas vezes, reconheça-se o valor da solidariedade, sabe-se que não é tão simples plantar e fazer florescer essa convicção nos corações. Na política, por exemplo, em vez de se investir nos gestos solidários, prevalece a crença de que avanços diversos dependem de **conchavos**, ideologias partidárias ou simplesmente das promessas nunca cumpridas. Contenta-se assim com ensaios de lucidez, insuficientes para atender aos urgentes anseios do povo, principalmente de quem é mais pobre. Falta, pois, na sociedade brasileira, um tecido solidário de qualidade.

[...]

Vivenciar a solidariedade

Por isso mesmo, urgente e prioritário, neste momento em que a sociedade brasileira precisa sair da crise, é reconhecer que a solidariedade é determinante nas dinâmicas sociais. Isso não é uma simples reflexão teórica, mas indicação de uma exigência moral com força transformadora, pois possibilita o surgimento de atitudes que estão na contramão das violências que dizimam, das corrupções que sucateiam e da perda da percepção de que todos são destinatários, igualmente, de condições dignas.

▶ Ser solidário é também oferecer seu tempo para ouvir o desabafo de alguém e tentar ajudar como puder.

A solidariedade é, pois, princípio social e virtude moral. Vivenciá-la é investir na edificação de um contexto novo e melhor. Sem esse princípio e virtude, não se conquistam os ordenamentos sociais almejados. As relações pessoais continuarão comprometidas e em processo crescente de deterioração. E um perverso ciclo é alimentado, pois as pessoas se tornam cada vez mais distantes das estruturas dedicadas à solidariedade. Com isso, por ignorância, são perpetuadas regras e leis, que são inumanas e pesadas.

Praticar

Para além de um sentimento qualquer de compaixão vaga e superficial, a solidariedade tem o valor de despertar e criar o gosto imperecível pelo bem comum. E todo cidadão, para ser eterno aprendiz do valor da solidariedade, tem de praticá-la, diariamente, permanentemente.

Esse exercício exige considerar a importância do outro, abrir os olhos e os ouvidos para nunca ser indiferente às dores do mundo, lutar para sair das zonas de conforto e deixar-se incomodar pelos sofrimentos da humanidade. Uma postura que requer, inclusive, a disposição para tirar do próprio bolso quantias a serem destinadas a projetos sociais e ações solidárias. Pois, a sociedade estará na direção de superar seus descompassos e a cidadania se qualificará quando prevalecer o inestimável valor da solidariedade.

AZEVEDO, Walmor Oliveira de. Solidariedade: é preciso considerar a importância do outro. *In*: FORMAÇÃO. [S. l]: Canção Nova, [20--]. Disponível em: https://formacao.cancaonova.com/atualidade/sociedade/solidariedade-e-preciso-considerar-a-importancia-do-outro/. Acesso em: 16 fev. 2020.

1. Vimos no último texto que a solidariedade possibilita reconstruir o esgarçado tecido da cidadania. Explique como você entendeu essa afirmação.

2. Em sua opinião, como seria uma política baseada na solidariedade? Ela seria diferente de nossa política atual?

PARA LER E REFLETIR

Leia o poema que segue.

Eu acredito

Aprendi que fazendo um gesto de solidariedade
A impunidade não tem vencedores
E posso ser a única a trabalhar em um projeto
Mas se eu acreditar, terei apoio de muitos
Se eu fizer a minha parte.
Cada um de uma maneira simples fará a sua.
E se eu desejar mudar a história nunca estarei sozinha
E se eu tiver a humildade de pedir ajuda
Milhares vêm ao meu auxílio
Podemos juntos acreditar em dias melhores, em pessoas melhores.
E juntos construir um mundo melhor
Sou sonhadora?
Não, faço parte desse mundo que vivo.
E desejo ele cada dia melhor
Meus filhos fazem parte dele
E quem sabe contar a história para meus netos que nós mudamos
Porque aprendemos a trabalhar juntos
Para a construção de uma vida melhor
Uma vida mais digna, mais humana e mais solidária.

SARAIVA, Tereza Cristina. Eu acredito. *In*: RECANTO DAS LETRAS. [*S. l.*]: Recanto das Letras, 19 out. 2007. Disponível em: www.recantodasletras.com.br/poesias/700770. Acesso em: 16 fev. 2020.

1. Reflita sobre o poema, e depois, no caderno, responda às questões.

a) No poema, a autora diz: "E se eu desejar mudar a história nunca estarei sozinha". O que ela quer dizer com isso?

b) Em que momentos o poema mostra que a autora acredita no **poder da solidariedade**?

c) O que você entendeu dos versos: "Sou sonhadora? / Não, faço parte desse mundo que vivo"?

d) Nós mudamos porque aprendemos a trabalhar juntos. O que a autora nos ensina nesses dois versos?

e) Se você pudesse mudar o mundo para seus filhos e netos, o que gostaria de fazer?

MOMENTO DE REFLEXÃO

1. O que você entende por empatia?

2. Qual é a importância da empatia para a solidariedade?

3. Existem várias formas de ser solidário:

a) com ajuda de bens materiais: alimentos, roupas...;

b) dando carinho, atenção e apoio a quem precisa;

c) sendo empático, ou seja, ouvindo o que o outro tem para dizer, escutando-o com o coração, fazendo-o sentir-se amparado, oferecendo o afeto que ele precisa no momento.

Qual dessas formas é a mais importante? Por quê?

4. Sobre os lugares em que a solidariedade pode ser praticada, é correto afirmar que:

a) (   ) em qualquer espaço e momento é possível agir com solidariedade, porque somos todos dependentes uns dos outros e sempre há alguém precisando de ajuda.

b) (   ) a solidariedade consiste em um comportamento que faz mais sentido se for adotado fora de casa, pois é no mundo – e não a nosso lado – que estão as pessoas que verdadeiramente precisam de nossa ajuda.

c) (   ) o primeiro lugar em que devemos agir com solidariedade é nossa casa, pois na hora de ajudar os outros sempre devemos priorizar as pessoas que conhecemos, já que nossa família tem prioridade sobre estranhos.

d) (   ) oportunidades para ser solidário aparecem a todo momento, mas não devemos ceder a elas, pois só devemos agir com solidariedade em lugares apropriados e especializados, como orfanatos, creches e asilos.

O QUE FAZ A **DIFERENÇA**

▶ Membros da Cruz Vermelha resgatam refugiados da Síria e do Afeganistão que tentavam chegar à costa da Grécia pelo mar. Grécia, 2016.

Ao longo do século XIX, a Europa assistiu a vários conflitos muito violentos. Aquele foi um século de revoluções, disputas territoriais e lutas pela unificação de povos submetidos a grandes impérios. Um dos territórios que sofreu com esses conflitos foi a Itália, que batalhou por sua unificação durante vários anos até alcançá-la, em 1871.

Um dos combates pela unificação aconteceu em 1859 e ficou conhecido como Batalha de Solferino. Esse conflito foi muito violento, deixando vários soldados inválidos.

Foi em meio a esse contexto que Henry Dunant, um negociante suíço, comoveu-se com a situação das vítimas da guerra e tomou providências para organizar um serviço de ajuda. Terminados os combates, Dunant começou a contatar líderes de várias nações com o objetivo de criar uma organização internacional que desse apoio às vítimas. Suas primeiras ideias abrangiam obrigar os exércitos a cuidar de seus soldados feridos e envolver a sociedade civil no tratamento deles.

A partir de 1863, esse projeto começou a dar frutos e foi criada uma organização que ficou conhecida por seu símbolo: uma cruz vermelha sobre um fundo branco. Esse símbolo passou a ser utilizado por médicos na guerra, de maneira que não fossem visados pelos inimigos.

Com a criação do Comitê Internacional da Cruz Vermelha (CICV), foi possível avançar nos cuidados com os soldados. Gradualmente foram sendo estabelecidas regras com o objetivo de amenizar o sofrimento dos soldados, proibindo comportamentos considerados inumanos na guerra.

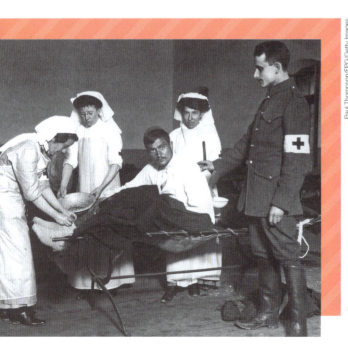

Para que os avanços pudessem ser alcançados, foi necessário tomar alguns cuidados. Hoje a organização atua com base em alguns preceitos, com o objetivo de evitar conflitos e prestar ajuda humanitária de valor. Esses valores são a humanidade, a imparcialidade, a neutralidade, a independência, o voluntariado, a unidade e a universalidade.

Calcula-se que, atualmente, a Cruz Vermelha conte com mais de 13 milhões de voluntários em 189 países. Além de continuar atuando em favor de vítimas de guerra, a organização promove ações de apoio a vítimas de desastres naturais, epidemias, crises de imigração etc.

Agora, reflita por um instante: Para que a Organização Internacional da Cruz Vermelha pudesse oferecer apoio aos soldados e, depois, a toda a sociedade civil, qual foi a importância da empatia? Por que podemos dizer que a atuação de seus voluntários é solidária?

▶ Primeira Guerra Mundial. Enfermeira cuida de pacientes. França, 1914.

PENSE NISSO

A cultura da solidariedade é um modo de encarar a vida individual, familiar, profissional e cidadã que tenha como preocupação fundamental "construir uma verdadeira humanidade", em que o essencial seja o nós e não o "eu" (pessoal, de classe, de nação, de região etc.). É por isso que esta atitude vital e este impulso ético se voltam para a construção do bem comum. Procura impor os meios mais eficazes para a criação das condições de vida social mais apropriadas a fim de que todos os seres humanos consigam, de forma mais plena e fácil, sua realização como pessoas.

SEQUEIROS, Leandro. *Educar para a solidariedade*: projeto didático para uma nova cultura de relação entre os povos. Porto Alegre: Artmed, 2000. p. 60-61.

COMPROMISSO DA SEMANA

Vou praticar uma das atitudes solidárias a seguir e assim fazer meu mundo um pouco melhor.

- Doar roupas, alimentos, livros ou qualquer outro item para alguém ou para uma instituição.

- Ceder meu lugar a um idoso ou gestante, caso eu use o transporte público.

- Recolher o lixo de parques ou outros ambientes que frequento.

- Visitar alguém que está doente.

- Dar mais atenção aos idosos de minha família.

- Dedicar meu tempo a alguém que precisa de atenção.

- Aproximar-me de uma instituição que pratique gestos de solidariedade, como uma igreja ou ONG.

MEUS **PENSAMENTOS**

Anote aqui o que mais marcou você durante as reflexões deste diálogo. É possível que tenha sido uma ideia, um desejo, um sentimento, uma descoberta, uma proposta...

Caso queira, aproveite a oportunidade e ilustre seus sentimentos.

DIÁLOGO 15
Justiça social e ecologia

▶ O Cerrado é um dos biomas brasileiros que mais sofre alterações com a ocupação humana. Por isso, sua biodiversidade corre sérios riscos de extinção. Parque Nacional Serra da Canastra, em São João Batista do Glória (MG), 2013.

O que é justiça social?

O conceito de justiça social se baseia no princípio de que todas as pessoas de uma sociedade têm direitos iguais em todos os aspectos da vida social, ou seja, os direitos básicos devem ser garantidos a todos: saúde, trabalho, educação, acesso à justiça, à habitação, às manifestações culturais e religiosas.

O desenvolvimento de uma sociedade não pode levar em conta apenas o crescimento econômico, devendo considerar, acima de tudo, uma organização política do Estado que garanta segurança social a todos os cidadãos. Isso significa que o acesso aos direitos básicos e às ações de seguridade social devem ser garantidos a todos.

O conceito de justiça social está relacionado ao estudo das causas das desigualdades sociais e às ações voltadas para a resolução dessas desigualdades. Esse conceito se fundamenta no compromisso do Estado e das instituições não governamentais de encontrar mecanismos para reparar as desigualdades sociais geradas pela sociedade.

O principal problema que as ações de justiça social buscam solucionar é a desigualdade social. Para diminui-la, é fundamental que haja políticas públicas de proteção aos pobres, às minorias religiosas e étnicas e a grupos e indivíduos que sejam discriminados.

A justiça social tem como principal objetivo promover o crescimento harmônico de um país, indo além das questões econômicas.

Educação Ambiental

▶ A educação ambiental contribui para que convivamos melhor com o meio ambiente. Também possibilita a compreensão de que somos parte desse ecossistema.

Temos hoje no cenário mundial várias ocorrências destrutivas, como a erosão dos solos, a poluição dos rios, dos mares e da atmosfera, o descuido com biomas importantes, como o Cerrado, que abriga ricas nascentes de grandes rios, o desmatamento, a extinção de várias espécies vegetais e animais, a destruição da camada de ozônio e o aquecimento global. Todas elas nos levam a um caminho de grandes perdas na saúde e na qualidade de vida do planeta, que está ameaçada.

A Educação Ambiental é uma proposta que visa amenizar os desastres ecológicos que estamos vivenciando. Ela propõe o resgate e a construção de valores que possam modificar as relações entre sociedade e natureza, a fim de garantir a qualidade de vida no planeta.

Nesse sentido, ela caminha ao lado da **justiça social**, propondo a transformação de um sistema menos ganancioso e consumista em uma sociedade cujos valores são pautados por respeito, cooperação, solidariedade, igualdade e justa distribuição de recursos.

A Educação Ambiental nos propõe viver de maneira mais sustentável e democrática e nos pede ações concretas para transformar nossa casa, nossa escola, nossa rua, nosso bairro, o campo e a cidade em um mundo melhor para se viver.

MOMENTO de PROSA

01 Que valores podem modificar as relações entre a sociedade e a natureza?

02 O que vocês podem fazer para que sua rua seja mais limpa, bonita, florida e saudável?

03 Como é o aproveitamento da água em sua escola, em sua casa e na rua onde vocês moram? Que atitudes vocês podem tomar para melhorar o aproveitamento da água?

04 O que vocês podem fazer para não haver desperdício de alimentos em sua casa, no seu bairro ou no seu município?

Terceiro Momento | Valores essenciais para a construção de um mundo melhor

AMPLIANDO O CONHECIMENTO

Direito ambiental

Biota: conjunto de seres vivos que habitam determinada região.

No Brasil, podemos encontrar algumas leis de proteção à natureza feitas durante o Período Imperial. Em 1934, também apareceram algumas leis importantes, como o Código de Águas, o Código de Minas e, em 1937, o Código Florestal. Essas legislações regulamentavam o uso das águas públicas, as regras para mineração e para o corte de árvores, respectivamente. Apesar disso, não tinham como objetivo principal proteger e conservar a natureza.

O ambientalismo é uma corrente de pensamento muito recente. O pensamento ambiental, como conhecemos hoje, foi formado principalmente ao longo da década de 1960. Somente a partir da década de 1970 foram criados órgãos e legislações com esse objetivo, como a Secretaria Especial de Meio Ambiente (Sema). Aos poucos, foi possível aumentar a fiscalização de impactos ambientais e auxiliar na elaboração de leis que obrigassem as pessoas a tomar cuidados com o ambiente em suas ações e negócios cotidianos.

Uma das normas mais importantes, nesse sentido, foi a Resolução 001 de 1986, do Conselho Nacional de Meio Ambiente (Conama). Essa resolução definiu o conceito de impacto ambiental como qualquer atividade que afete direta ou indiretamente:

- a saúde, a segurança e o bem-estar da população;
- as atividades sociais e econômicas;
- a **biota**;
- as condições estéticas e sanitárias do meio ambiente;
- a qualidade dos recursos ambientais.

A resolução também definiu que qualquer empreendimento que cause impactos ambientais consideráveis precisa requerer o licenciamento ambiental para ser autorizado a funcionar. Para conseguir essa licença, os empreendedores devem escrever relatórios dando conta dos impactos que causarão, das medidas que tomarão para reduzir esses impactos e das alternativas ao projeto apresentado.

A partir de 1988, a legislação ambiental no Brasil ganhou mais força com a inclusão do Artigo 225 à Constituição Cidadã. Esse artigo definiu, entre outros pontos, que "todos têm direito ao meio ambiente ecologicamente equilibrado" e que é responsabilidade tanto do governo quanto do povo defendê-lo e preservá-lo para as futuras gerações.

Você sabia que é seu direito e dever manter o meio ambiente equilibrado? O que isso significa para você?

▶ Mesmo com leis que protegem o meio ambiente, o desmatamento continua aumentando. Na fotografia, vista aérea de área desmatada em meio à Floresta Amazônica. Itacoatiara (AM), 2015.

O que faz a diferença

▶ Indústria siderúrgica em Sheffield, Inglaterra. Ilustração do século XIX.

Buscar uma sociedade sustentável é uma tarefa muito desafiadora. A questão é tão complexa que muitos pesquisadores se perguntam até mesmo se é possível continuarmos o desenvolvimento da economia e, mesmo assim, atingirmos o ideal da sustentabilidade.

Se você está se perguntando por que estamos assim, talvez queira pensar sobre os recursos que consome no dia a dia. Pense que nosso ideal de desenvolvimento prevê colocar toda a população pobre em uma situação de maior segurança alimentar, com a possibilidade de consumir o mínimo que nossa sociedade considera necessário para a manutenção da qualidade de vida: geladeiras, fogões, água para beber e para higiene etc. Imagine por um instante que todas as pessoas do mundo vivessem como você. Agora, pense no impacto que você causa sobre o mundo.

▶ Atualmente, precisamos contribuir para a preservação do meio ambiente. Consumir por necessidade, e não por impulso, é uma forma de fazer isso.

Se você mora em uma cidade, provavelmente todo o alimento que consome exige o transporte por meio de veículos que utilizam combustíveis fósseis, responsáveis em parte pelo aquecimento global.

Cada eletrodoméstico que você liga contribui para que seja necessário o aumento da **produção de energia**. Com isso, são construídas novas termelétricas ou hidrelétricas no país. Embora estas causem menos impactos do que aquelas, ambas interferem muito no meio ambiente, alterando o clima e a qualidade do ar ou, ainda, o curso natural dos rios e de seu entorno.

Usina Hidrelétrica de Piraju, São Paulo.

Se você se alimenta de carne, então deve saber que grande parte do desmatamento na Amazônia tem como finalidade abrir pastos para a criação de gado de corte.

Se sua família possui eletrodomésticos e veículos motorizados, então contribui para a continuidade da mineração, uma das atividades econômicas humanas mais impactantes para o meio ambiente.

Então, o que fazer? O ideal é evitar qualquer consumismo desnecessário. Na hora de comprar móveis ou eletrodomésticos, você pode dar prioridade aos usados; preferir móveis de madeira legalizada e certificada; escolher eletrodomésticos que tenham maior eficiência energética. As informações sobre certificação da madeira e do consumo de energia estão escritas nas etiquetas ou selos afixados nos produtos.

Dentro do possível, você deve fazer a coleta seletiva e reaproveitar resíduos orgânicos em composteiras ou minhocários para facilitar a reciclagem. Assim, você atua simultaneamente na redução da extração de recursos naturais e na redução dos impactos causados pelo lixo.

Diariamente, é importante ser consciente: se puder ir a pé a um local, não vá de carro. Se puder consumir um produto com certificação ambiental, faça isso. Economize água e luz. Assuma a responsabilidade sobre os problemas no dia a dia.

Com o elevado uso de equipamentos eletrônicos no mundo moderno, o lixo eletrônico tem se tornado um grande problema ambiental.

Pegada ecológica

Percebeu como viver de forma ecologicamente sustentável é um desafio? Justamente para nos conscientizarmos e trazermos a população para participar da construção de uma sociedade mais sustentável, foi criado o conceito de "pegada ecológica".

Esse conceito serve para pensarmos sobre o tamanho do impacto, da "pegada", que deixaremos no meio ambiente ao longo de nossa trajetória de vida, o qual depende de como vivemos.

De maneira simples, a pegada ecológica de uma pessoa corresponde ao tamanho das áreas produtivas de terra e mar necessárias para gerar produtos, bens e serviços que sustentam seu estilo de vida.

É por meio desse cálculo que conseguimos chegar a dados, por exemplo, sobre o fato de que atualmente consumimos 50% mais recursos do que o planeta é capaz de gerar ao longo de um ano. Em outras palavras, a Terra não consegue repor os recursos que consumimos anualmente.

Quer fazer a diferença? Que tal pesquisar o tamanho de sua pegada ecológica e começar a pensar no que você pode fazer para reduzi-la?

Para calcular a pegada ecológica, os seguintes itens são levados em consideração: a emissão de carbono derivada da queima de combustíveis fósseis; a extensão de áreas de pastagem utilizadas para a criação de gado; a extensão de áreas florestais necessárias para o fornecimento de produtos madeireiros; a estimativa de produção primária necessária para sustentar os estoques pesqueiros; a extensão de áreas de cultivo usadas para a produção de alimentos e fibras; e a extensão de áreas cobertas por infraestrutura humana.

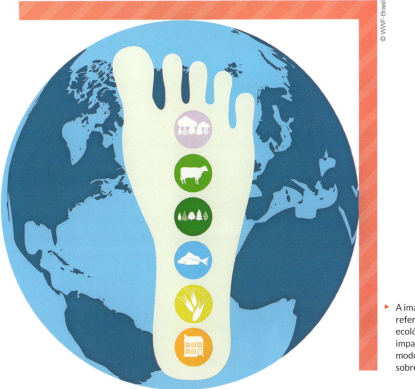

▶ A imagem faz referência à pegada ecológica, ou seja, ao impacto que nosso modo de vida tem sobre a Terra.

Terceiro Momento | Valores essenciais para a construção de um mundo melhor

AMPLIANDO O CONHECIMENTO
Filosofia

A estudante baiana que criou uma tecnologia para filtrar água por meio da luz solar ganhou um prêmio internacional da Organização das Nações Unidas (ONU), graças ao projeto.

[...]

Anna Luísa Beserra tem 21 anos e ficou entre 35 finalistas globais e concorreu na categoria América Latina e Caribe com outros 4 jovens. É a primeira vez que uma brasileira recebe o prêmio.

[...]

O nome do projeto é "Aqualuz". Anna Luísa, que é formada em Biotecnologia pela Universidade Federal da Bahia (UFBA), teve a ideia quando tinha 15 anos e ainda estava no ensino médio. Ela contou com apoio de outros três estudantes para desenvolver a *startup*.

São eles: Letícia Nunes Bezerra, aluna do Curso de Engenharia Ambiental da Universidade Federal do Ceará (UFC); Marcela Sepreny, graduanda em Engenharia Química no Centro Universitário Senai Cimatec (BA); e Lucas Ayres, profissional formado em Ciência da Computação pela UFBA, responsável pelo design e marketing do Aqualuz.

O sistema do grupo usa radiação solar para tornar a água contaminada própria para consumo em regiões castigadas pela seca de forma sustentável.

Trata-se de uma caixa de inox que é coberta por um vidro e uma tubulação simples ligada à cisterna, um reservatório comumente usado para armazenar água da chuva ou de caminhão-pipa. A filtragem da água ocorre sem a necessidade de uso de compostos químicos. Como consequência, ajuda na redução dos índices de doenças.

Cada ciclo de filtragem dura, em média, 4 horas. O dispositivo, que filtra até 28 litros de água por dia, dura cerca de 15 anos e precisa apenas de limpeza com água e sabão, troca do filtro natural (com o estoque de refil já fornecido), sem precisar de manutenção externa ou energia elétrica.

Testes preliminares feitos em laboratório certificado, que usaram parâmetros do Ministério da Saúde, revelaram que o "Aqualuz" reduziu em 99,9% a presença de bactérias de referência.

Atualmente, o "Aqualuz" já distribui água potável para 265 pessoas, na Bahia, Pernambuco, Ceará e Alagoas, e o objetivo é alcançar mais 700 ainda este ano.

▶ Projeto criado por estudante baiana permite filtragem de água com luz solar.

A filtragem

A filtragem ocorre por etapas. São elas:

1. Primeiro, a água é bombeada da cisterna até a caixa, por meio de um encanamento, passando por um filtro ecológico que é feito de sisal.
2. O filtro ecológico retém partículas sólidas.
3. Depois, já com a água armazenada na caixa de inox, ocorre a desinfecção, em que o líquido é exposto à radiação solar para eliminação dos micro-organismos patogênicos. A alta temperatura na caixa ajuda a eliminar impurezas.
4. Por fim, um dispositivo acoplado à caixa muda de cor e alerta quando a água pode ser retirada da caixa, já pronta para o consumo, por meio de uma torneira.

ESTUDANTE baiana que [...]. *G1*, Salvador, 19 set. 2019. Disponível em: https://g1.globo.com/ba/bahia/noticia/2019/09/19/estudante-baiana-que-criou-tecnologia-para-filtrar-agua-por-meio-da-luz-solar-em-regioes-do-semiarido-ganha-premio-da-onu.ghtml. Acesso em: 20 fev. 2020.

▶ Estudante baiana que criou tecnologia para filtrar água por meio da luz solar em regiões do semiárido ganha prêmio da ONU.

1. Quais são os valores revelados por Anna Luísa Beserra em sua iniciativa?

MOMENTO DE REFLEXÃO

1. Que relação existe entre justiça social e Educação Ambiental?

2. Relacione a coluna da esquerda, que contém alguns problemas de justiça ambiental, à coluna da direita, que contém algumas atitudes que podem colaborar para amenizar esses problemas.

A	Excesso de produção de lixo no entorno das grandes cidades, que vem gerando contaminação dos lençóis freáticos.	1	Não jogar lixo nas ruas e plantar árvores e jardins nas proximidades de casa ou na calçada.
B	Excesso de poluentes no ar, que leva a problemas respiratórios e danos à saúde.	2	Evitar jogar lixo nas imediações de rios, preservar matas ciliares e instalar filtros em fábricas que liberam poluentes nas águas.
C	Enchentes nas cidades, que levam à perda de bens materiais e, às vezes, de vidas humanas.	3	Reduzir o consumo e utilizar composteiras e minhocários.
D	Águas dos rios poluídas, levando à morte dos peixes e contaminação das populações ribeirinhas.	4	Respeitar a legislação sobre caça e pesca, aumentar a fiscalização ambiental e não incentivar o comércio ilegal de plantas e animais.
E	Extinção de espécies raras, tanto nas matas como nas cidades.	5	Utilizar bicicletas, transporte público ou fazer caminhadas para se deslocar, sempre que possível.

3. Após calcular sua pegada ecológica, a que conclusão você pode chegar sobre o que deve mudar em sua vida para reduzir o seu impacto ambiental?

4. Cite um exemplo de impacto ambiental negativo e um de impacto ambiental positivo.

PENSE NISSO

É possível construir uma sociedade menos predatória? Sim, mas com muito sacrifício. A grande lição que a natureza nos dá é a reciclagem. A natureza recicla tudo e, por isso, a vida existe há bilhões de anos, consumindo sempre os mesmos recursos.

CÂMARA, Ibsen de Gusmão. *In*: URBAN, Teresa. *Saudade do Matão*: relembrando a história da conservação da natureza no Brasil. Curitiba: Editora UFPR; Fundação Grupo Boticário de Proteção à Natureza; Fundação MacArthur, 1998. p. 139.

COMPROMISSO DA SEMANA

Meu compromisso desta semana é pesquisar os principais problemas ambientais no entorno do meu município. Na próxima semana, trarei três sugestões de iniciativas que podemos tomar para amenizar esses problemas.

MEUS PENSAMENTOS

Anote aqui o que mais marcou você durante as reflexões deste diálogo. É possível que tenha sido uma ideia, um desejo, um sentimento, uma descoberta, uma proposta...

Caso queira, aproveite a oportunidade e ilustre seus sentimentos.

Vil metal: antigamente, o dinheiro circulava apenas em moedas (metal). Essa expressão é utilizada para se referir ao dinheiro de maneira negativa.

PARA SE INSPIRAR

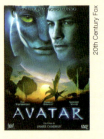

Avatar, de James Cameron (162 min).

O filme aborda um conflito em torno de populações nativas que estão em equilíbrio com o ambiente e uma empresa de mineração. É possível abordar a ideia de justiça ambiental, refletindo sobre a razão dos conflitos apresentados no filme.

Patch Adams, de Tom Shadyac (115 min).

Inspirado na trajetória do doutor Patch Adams, responsável por utilizar o humor e a descontração como forma de ajudar na cura de pacientes com doenças graves. Pode ser relacionado ao diálogo sobre solidariedade, em

Revivendo os diálogos

Leia o poema abaixo.

SOS meio ambiente

Meio ambiente não é meio,
Não é sonho ou devaneio,
Não é conto ou poesia.
Meio ambiente é mais que meio,
É a redoma, é o esteio –
Bio-terra em harmonia.
Meio ambiente é a natureza,
Flora verde, mil riquezas,
Fauna viva – ao natural
Meio ambiente é a própria vida,
Ou a morte, pressentida
Que buscamos, afinal?!
Eis que o homem, ganancioso,
Irresponsável, belicoso,
Ignora o grande mal

A floresta dizimando,
Terra fértil calcinando,
Só pensou no **vil metal**.
Rios e lagos vão secando,
Água doce escasseando;
A floresta perde a cor.
Morre a fauna nessa guerra,
Triste fim da frágil terra:
Um deserto aterrador.
Chora o solo acinzentado,
Chora a mata o mal legado,
Chora a fauna tal desdém;
E o homem, indiferente,
Na ganância persistente,
Busca a morte, assim, também.

CHACON, Justo. SOS meio ambiente. *In*: MENSAGENS COM AMOR. [*S. l.: s. n.*], [20--?]. Disponível em: https://www.mensagenscomamor.com/mensagem/166856. Acesso em: 20 fev. 2020.

01 De acordo com o poema, o que leva o ser humano a destruir o meio ambiente com tanta indiferença?

02 Ainda de acordo com o poema, qual é a mais grave consequência da destruição do meio ambiente?

134

que abordamos os "Doutores da Alegria".

Se quiser conhecer melhor algumas iniciativas de voluntariado e talvez até participar delas, que tal ler um pouco mais sobre o assunto? Selecionamos alguns sites que podem lhe interessar.

WWF: Nossa história.

Apresenta a história da instituição WWF no Brasil. Disponível em: www.wwf.org.br/wwf_brasil/historia_wwf_brasil. Acesso em: 17 fev. 2020.

Nações Unidas Brasil: Campanhas.

Disponível em: http://nacoesunidas.org/campanhas. Acesso em: 17 fev. 2020.

03 Ao longo deste Terceiro Momento, estudamos a relação que mantemos com o mundo e as formas de mudá-lo. Sobre esse assunto, marque a alternativa correta.

a) ( ) Atualmente existe muito pouco que podemos fazer por nosso próximo, pois as ações verdadeiramente significativas dependem de grandes investimentos, que apenas o governo seria capaz de fazer.

b) ( ) É possível contribuir para um mundo melhor, mas para isso é preciso que cada um faça uma reflexão buscando mudar a si mesmo, a fim de se tornar mais empático, solidário e proativo na construção do mundo desejado.

c) ( ) Não faz sentido atribuir os problemas que vivemos à política e à economia, pois os males do mundo são causados pela falta de proatividade das pessoas em promover a solidariedade.

d) ( ) Não é difícil transformar o mundo em que vivemos no mundo que desejamos, pois com o tempo tudo se resolve, tudo se transforma, independentemente de nosso esforço pessoal para causar a mudança.

04 Como vimos, as pessoas que estão buscando a melhoria do mundo não estão sozinhas. Ao contrário, várias delas atuam, há vários anos, em grupos. Uma das principais instituições que colaboram para a superação dos problemas mundiais é a Organização das Nações Unidas (ONU), responsável por organizar os esforços humanos, canalizando-os para metas comuns. Sobre esse assunto, assinale a alternativa que não corresponde a uma meta do milênio estabelecida pela ONU.

a) ( ) Reduzir a mortalidade infantil.

b) ( ) Combater a aids, a malária e outras doenças.

c) ( ) Promover a igualdade entre os sexos e a valorização das mulheres.

d) ( ) Eliminar o desemprego.

e) ( ) Aumentar a qualidade de vida e o respeito ao meio ambiente.

05 Explique com suas palavras o que é necessário para que a esperança não se torne apenas espera.

_____
_____
_____

06 Baseando-se em suas reflexões e no que você achou mais significativo durante o estudo do Terceiro Momento, elabore um texto em que expresse seus sentimentos e mostre o que ficou de aprendizado para você com esses temas debatidos. Partilhe seu texto com o professor e os colegas.

_____

Quarto Momento

Valores essenciais para o compromisso com a vida

Neste momento vamos refletir sobre como cada um dos valores essenciais vistos até agora contribui para o cuidado do bem mais valioso que qualquer pessoa pode receber: a vida. À medida que avançarmos nas reflexões, você perceberá que tudo o que fizemos foi para nos prepararmos para este momento.

Entretanto, antes de nos aprofundarmos, queremos que você reflita por alguns instantes e troque ideias com os colegas e professores sobre as seguintes questões: Afinal, o que é a vida? Quais critérios a ciência utiliza para definir que um ser é vivo? Quais são os critérios de sua religião ou de sua filosofia para definir o que é a vida? Para você, onde a vida começa e onde ela termina? Por fim, qual é o valor da vida?

DIÁLOGO 16

Vida, um direito de todos

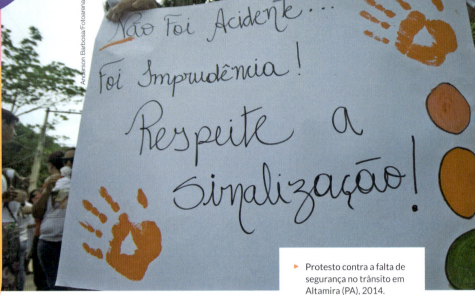

Protesto contra a falta de segurança no trânsito em Altamira (PA), 2014.

O valor da vida

A vida é um dom precioso. Não podemos passar por ela sem fazermos as seguintes reflexões: Qual é seu verdadeiro valor? Que atitudes podem contribuir para que todas as pessoas tenham uma vida melhor?

O valor da vida está atrelado, principalmente, ao respeito e ao amor que se tem por ela. O respeito e o amor definirão suas atitudes, positivas ou negativas, diante da vida.

Corremos o risco de passar pela vida sem valorizá-la, sem curti-la, sem efetivamente vivê-la. Não podemos esquecer que quem constrói nossa história – longa ou curta, bonita ou não – somos nós.

Mesmo sendo nosso bem mais precioso, a vida é também extremamente frágil. Mesmo que tenha para nós um valor incomensurável, nenhuma é melhor ou mais importante do que outra. Todos – ricos ou pobres, idosos ou crianças, famosos ou anônimos – estamos sujeitos a riscos e, invariavelmente, deixaremos este mundo. O que muda é a maneira pela qual cada um vive, as marcas que deixa, a importância que tem, as atitudes tomadas para fazer o mundo um pouco melhor.

O importante é que aquilo que falamos, pensamos e fazemos transmita confiança, bondade e compaixão. Que as nossas atitudes sejam tão plenas de amor à vida que sejam capazes de proteger a nós e ao mundo que nos cerca.

138

Cuidar de nós e do outro

▶ O cuidado com o outro ocorre em duas esferas, e ambas são importantes. A primeira é o cuidado pessoal, quando cuidamos de uma pessoa exclusivamente por empatia; a segunda é o cuidado profissional, faz parte da função da profissão zelar e cuidar do outro.

Nosso instinto sempre nos diz que a vida nunca deve ser colocada em risco ou maltratada, mas sim, protegida. É aí que entra o valor do cuidado.

O cuidado conosco e com o outro fará de nós não pessoas perfeitas, mas plenas, generosas, importantes no convívio com a família, os amigos e as pessoas com as quais partilhamos nosso dia a dia.

O "saber cuidar" faz a diferença, faz de nós pessoas capazes de ajudar a vida a brotar, capazes de fazer a vida renascer. E o mundo carece de pessoas que respeitam, preservam e cuidam do outro e do ambiente.

O mundo precisa de gente que semeia o amor pela vida e a vontade de viver.

▶ Ensinar às crianças da família atividades culturais ou tradicionais é uma forma de cuidar do outro e investir nas relações de afeto e compartilhamento.

▶ O cuidado com o outro deve estar presente desde o começo e envolve os aspectos relativos não apenas à manutenção da vida mas também aqueles referentes a afeto, educação, diversão e outras.

MOMENTO de PROSA

01 Qual é a verdade que essas imagens carregam? O que elas querem nos dizer?

02 Quais são as principais formas de desrespeito à vida que você consegue imaginar?

03 Na tradição judaica, existe um ditado que diz: "Quem salva uma vida, salva o mundo". Como você interpreta essa afirmativa?

PARA LER E REFLETIR

No decorrer da vida há momentos positivos e momentos sofridos. Vamos refletir sobre o que é significativo para nosso bem-estar e nossa realização pessoal?

▶ É nos momentos de alegria que percebemos que a vida vale a pena.

Aforismo: sentença curta que traz uma regra ou princípio moral.

A vida é bela, como veremos

[...]

Mas o que é a vida? Esta pergunta admite uma infinidade de respostas. E cada um de nós definirá a vida de maneira diferente, pois tudo dependerá do que estivermos passando no momento em que nos depararmos com essa questão. Talvez a definição mais razoável que já ouvi provenha do **aforismo** tibetano que diz: "A vida é o que fazemos dela". Na verdade, ela será, especialmente, o conjunto de significados, de sentidos, que decidirmos lhe dar.

[...]

Embora soframos muitos tropeços em nossa caminhada, também experimentamos amor e esperança, lutamos por nós mesmos e pelo outro, construímos nosso destino a partir da vontade de servir, de proporcionar felicidade àqueles que nos cercam, àqueles a quem amamos. A vida é bela quando decidimos nos comprometer. Talvez seja este o grande desafio. A vida é bela quando somos generosos, pois não somente mudamos o nosso olhar sobre nós mesmos, oferecemos bem-estar aos outros mas também provocamos um turbilhão de efeitos positivos ao nosso redor.

[...]

ROVIRA, Álex. *A boa vida*. Rio de Janeiro: Sextante, 2013. p. 13-14.

PENSE NISSO

A religião cristã nos ensina que:

"Quem busca justiça e amor, encontrará vida, justiça e honra."

PROVÉRBIOS 21:21. *In:* BÍBLIA Sagrada: edição pastoral. São Paulo: Paulus, 1990. p. 808.

1. No texto, o autor afirma que a melhor definição que já ouviu sobre o que é a vida foi um aforismo: "A vida é o que fazemos dela".

a) O que você entende desse aforismo?

b) E como você definiria a vida?

2. De acordo com o texto, quais motivos poderíamos apontar para valorizar e respeitar a vida?

a) (   ) Mesmo considerando os momentos de desilusão e desesperança, a vida nos brinda constantemente com momentos de compartilhamento, serviço e amor, que lhe conferem valor.

b) (   ) A vida assume um valor especial quando percebemos que podemos ficar ociosos aproveitando suas delícias sem fazer nada.

c) (   ) A alegria sem fim é o que nos guia todo o tempo, contribuindo para dar significado e valor à vida.

d) (   ) A vida é boa porque, apesar dos momentos ruins, sempre podemos aproveitar horas de lazer e alegria com nós mesmos.

3. Releia o último parágrafo do texto. Cite uma atitude sua, comum em seu dia a dia, que você acredite ser de respeito e amor à vida. Justifique sua resposta.

AMPLIANDO O CONHECIMENTO
Direito

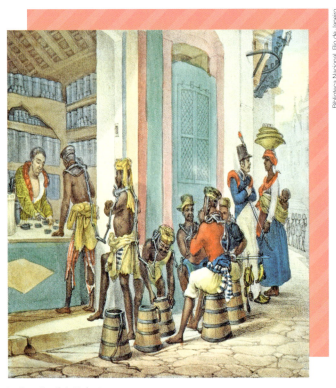

▶ Jean Baptiste Debret. *Loja de sapé*, 1835. Aquarela sobre papel, 18,3 cm × 23 cm.

Homicídio: assassinato.

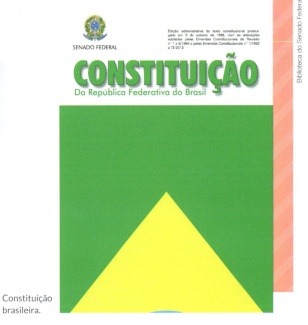

▶ Constituição brasileira.

Durante a época de escravidão no Brasil, do século XVI ao XIX, a vida dos africanos escravizados também não lhes pertencia: o destino deles estava nas mãos de seus senhores. A vida é o bem fundamental do ser humano, pois, sem ela, não há como falar em outros direitos. Com base nesse entendimento, todo ser humano tem direito à vida, ou seja, o direito de viver de forma plena e digna uma vida com respeito aos seus valores e suas necessidades.

Você não poderá exercer absolutamente nenhum direito se não estiver vivo. Isso pode parecer óbvio, mas a verdade é que nem sempre as pessoas tiveram ou têm esse direito garantido. Se pensarmos historicamente, veremos que, durante a Antiguidade, era comum que uma pessoa detivesse o direito sobre a vida de outra. Isso acontecia principalmente após eventos de guerra.

Foi somente a partir do século XVII que pensadores e juristas, como John Locke (1632-1704), começaram a refletir sobre essa questão e propuseram que a vida fosse um direito inviolável.

Assim, independentemente de qualquer circunstância, nenhuma pessoa jamais poderia ter direito sobre a vida de outra, pois isso limitaria a independência, a autonomia e o exercício dos direitos pelo outro.

Hoje, o artigo V de nossa Constituição garante a todos o direito à vida. Qualquer pessoa que retire do outro a vida é acusada pelo crime de **homicídio**. Mas o direito à vida vai além disso: diz respeito a ter meios para viver com saúde e dignidade.

Garantir o direito à vida também significa evitar acidentes de trabalho, oferecer uma alimentação sadia à população, auxiliar gestantes para que possam dar à luz seus filhos com acompanhamento médico, promover a segurança no cotidiano e no trânsito, proteger os recursos naturais que sustentam a vida etc.

E você, consegue imaginar outras situações em que seja necessário usar a lei para garantir seu direito à vida?

PARA
LER E REFLETIR

Irascível: agressivo.

A trajetória do ser humano vai
num levanta e cai, em sorrisos e ais
aos trancos e barrancos.
A gente aprende, apanha na cara quando erra,
mas não emperra na mesmice repetitiva
do cotidiano. A gente cresce.
As cadeias são muitas e duras
de todo tipo:
Cadeias, prisões familiares, sociais e religiosas
que geram preconceitos terríveis.
Irascíveis e temíveis.
Mas se tudo isto nos prende
E tende a não nos deixar crescer,
por outro lado estimula a luta,
o desafio de vencer.
Tudo em busca da liberdade.

BASTOS, Francisco Reis. *Varrendo flores*: poemas. Belo Horizonte: Pelicano Edições, 2004. p. 29.

1. O autor do texto aborda como algumas cadeias impedem nosso desenvolvimento, mas também fala do estímulo à luta, ao desafio de vencer e buscar a liberdade. O que estimula você a vencer os obstáculos de seu dia a dia? Compartilhe com a turma.

2. Estabeleça a relação entre o poema e o aforismo tibetano: "A vida é o que fazemos dela".

O QUE FAZ A DIFERENÇA

O contexto da política de segurança no trânsito

Segurança Rodoviária das Nações Unidas

DÉCADA DE AÇÃO PELA SEGURANÇA NO TRÂNSITO 2011 - 2020

▶ Lançada pela ONU em 2011, a campanha Década Mundial de Ação pela Segurança no Trânsito mobilizou muitos estados e municípios brasileiros e está se tornando a maior referência no país em matéria de combate aos acidentes de trânsito.

Segundo estimativas, os acidentes de trânsito ocupam atualmente o nono lugar entre as principais causas de morte em todas as faixas etárias no mundo. A cada ano provocam a perda de mais de 1,2 milhão de vidas e causam lesões não fatais em aproximadamente 50 milhões de pessoas no mundo inteiro. Cerca de metade (49%) das pessoas que morrem nas vias pelo mundo afora são pedestres, ciclistas e motociclistas. Os acidentes de trânsito são a principal causa de morte de pessoas entre 15 e 29 anos de idade.

Além de causar luto e sofrimento, os acidentes de trânsito constituem um importante problema para a saúde pública e o desenvolvimento, com significativos custos socioeconômicos e para a saúde. Não apenas as vítimas e suas famílias mas também os países como um todo sofrem consideráveis prejuízos econômicos: os acidentes de trânsito custam de 1% a 3% do produto nacional bruto para a maioria dos países. Mais de 90% das mortes e lesões no trânsito ocorrem em países de baixa e média renda, embora esses países respondam por apenas 54% dos veículos registrados no mundo.

Os acidentes de trânsito podem ser uma ocorrência cotidiana, mas são previsíveis e preveníveis [...].

[...]

Quatro princípios orientadores são centrais em um sistema seguro:

- As pessoas cometem erros que podem levar a acidentes de trânsito.
- O corpo humano tem uma capacidade física conhecida e limitada para tolerar as forças dos impactos antes de ocorrerem danos.
- As pessoas são responsáveis por proceder com atenção e conforme as leis de trânsito, mas existe uma responsabilidade comum entre os que projetam, constroem, administram e usam vias e veículos para prevenir acidentes que resultem em lesões graves ou morte e prestar atendimento após um acidente.
- Para multiplicar seus efeitos, todas as partes do sistema devem ser fortalecidas em combinação, de modo que os usuários das vias ainda estejam protegidos se uma parte falhar.

SALVAR vidas – Pacote de medidas técnicas para a segurança no trânsito. Brasília, DF: Organização Pan-Americana da Saúde, 2018. p. 8 e 10. Disponível em: https://iris.paho.org/bitstream/handle/10665.2/34980/9789275320013-por.pdf?sequence=1&isAllowed=y. Acesso em: 10 mar. 2020.

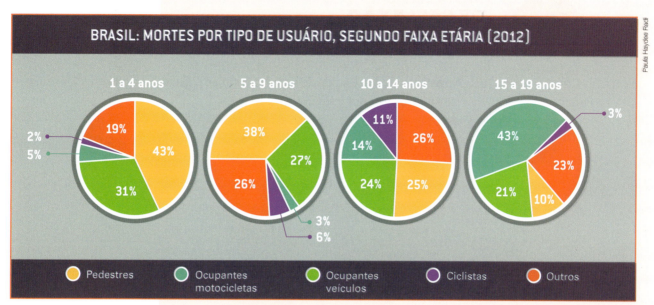

Fonte: UMA DÉCADA para a segurança no trânsito: desafios globais. In: PROJETO TRÂNSITO NA ESCOLA. [São Paulo], 14 maio 2015. Disponível em: https://projetotransitonaescola.wordpress.com/2015/05/14/projeto-transito-na-escola/. Acesso em: set. 2020.

▸ Prestar atenção ao atravessar a rua é uma atitude de autoamor e cidadania.

Com base no texto da página anterior, podemos observar a importância de tomar atitudes para reduzir o risco no trânsito. Próximo de todas as escolas – inclusive da sua –, com certeza há uma faixa de pedestres e sinalizações para os motoristas. Você, como estudante, deve tomar o cuidado de sempre utilizar a faixa e evitar brincadeiras ou imprudências na rua.

É muito importante educar também os pais para que não parem em fila dupla e transitem em uma velocidade mais baixa nas imediações da escola. Ter paciência com outros motoristas é igualmente essencial.

Aos estudantes que vão de bicicleta, é importante o cuidado com os pedestres: lugar de bicicleta é na ciclovia ou na rua. Se vai subir na calçada, desça da bicicleta.

1. De acordo com os gráficos, o segundo maior índice de morte de adolescentes de 10 a 14 anos, no trânsito, envolve situações em que eles estão como pedestres. O que você pode fazer para evitar esse tipo de acidente?

MOMENTO DE REFLEXÃO

1. Registre como você cuida de sua vida cotidiana: alimentação, exercícios físicos, descanso, lazer, estudos e segurança pessoal.

2. Sua presença em casa contribui para a harmonia, o bem-estar, a alegria e a paz de sua família? Explique sua resposta.

3. Explique como você tem cuidado com o outro.

4. Em sua opinião, sua presença na escola contribui para a harmonia, o bem-estar, o aprendizado, a alegria e a paz de seus colegas e professores? Explique seu posicionamento.

MOMENTO DE **ATENÇÃO PLENA**

Para muitos filósofos a vida não só é nosso bem mais precioso como também o único bem de que dispomos: podemos perder todos os bens materiais, mas, se tivermos a vida, ainda será possível reconstruir tudo.

Por isso, vamos fazer um momento de reflexão para perceber e valorizar nossa vida aqui e agora.

Sente-se em uma posição confortável e feche os olhos. Inspire o ar por 4 segundos. Retenha o pulmão cheio por 4 segundos. Expire o ar por 4 segundos. Retenha o pulmão vazio por 4 segundos. Repita essa sequência oito vezes.

Agora, ao inspirar, sinta a temperatura do ar que entra pela sua narina. Observe como ele entra fresco e sai levemente aquecido.

Em seguida, leve sua atenção ao corpo: tente sentir seus batimentos cardíacos sem precisar levar a mão ao coração. Sinta cada parte de seu corpo: os pés, as panturrilhas, as coxas, o abdômen, o peito, as mãos, os braços, o pescoço, a cabeça, a língua dentro da boca, os músculos da face. Libere toda a tensão do corpo.

Tudo que você sente é parte da sua vida, indica que seu corpo está funcionando e que você tem energia para buscar seus sonhos, vencer desafios e acolher quem é importante para você. Tente buscar esse sentimento de forma a valorizar cada dia de vida.

COMPROMISSO DA SEMANA

Esta semana me comprometo a cuidar da minha vida e do outro, principalmente no trânsito. Vou usar o cinto de segurança e não permitirei que o motorista se distraia com o uso de celular. Além disso, na rua, vou usar as faixas de pedestre para atravessar.

MEUS **PENSAMENTOS**

Anote aqui o que mais marcou você durante as reflexões deste diálogo. É possível que tenha sido uma ideia, um desejo, um sentimento, uma descoberta, uma proposta...

Caso queira, aproveite a oportunidade e ilustre seus sentimentos.

Quarto Momento | Valores essenciais para o compromisso com a vida

DIÁLOGO 17
A gratidão enriquece a vida

▶ Em alguns momentos, é preciso frear a correria do dia a dia para agradecer.

Reconhecendo as graças da vida

A gratidão é o ato de reconhecimento de um benefício, um auxílio, um favor ou um presente. É um sentimento essencial para o ser humano e deveria permear todas as nossas relações. Somente quando desenvolvemos a capacidade de sermos gratos é que conseguimos estabelecer troca de afeto e de amor na convivência diária.

A gratidão nos torna mais humanos e, consequentemente, mais queridos e amados. Mas ela não precisa necessariamente se destinar a uma pessoa. Ser grato é, antes de tudo, saber receber o que a vida nos oferece, seja bom, seja ruim, pois tudo favorece nosso crescimento e desenvolvimento como indivíduos, possibilitando expansão e ampliação da consciência de quem somos.

Todos nós deveríamos ter o costume de, ao despertar pela manhã, agradecer pelas horas de descanso e, ao final de cada dia, agradecer por tudo o que vivenciamos: momentos bons e ruins, tudo foi uma bênção. Estamos vivos!

Ser grato é reconhecer que vale a pena viver, apesar de todos os obstáculos e frustrações. Ser grato é valorizar a vida, acreditar no amanhã e, pleno de confiança e determinação, tornar-se autor da própria história. Ser grato é reconhecer o próprio valor e o valor de todos que compartilham a vida conosco.

Gratidão e significado de vida

Gratidão é fruto da humildade e da empatia. Só é capaz de agradecer aquele que sabe se colocar no lugar do outro. Precisamos ser capazes de agradecer o que os outros fazem por nós e também ser gratos pelas coisas que existem para facilitar nossa vida.

Sushi de Kriptonita

A gratidão se estende pelo mundo que nos cerca, para a natureza que nos fornece alimento e abrigo. Precisamos agradecer pela vida, que se tornará cada vez mais bela se for regada pela esperança, pelo amor e pela própria gratidão. O reconhecimento pela vida é o que alimenta nosso desejo de crescer, de viver e de ser feliz.

Devemos dar significado à nossa vida, e uma das mais belas maneiras de fazermos isso é praticando a gratidão. A gratidão reconhece, confirma e celebra o significado que damos para nossa vida a cada momento.

MOMENTO de PROSA

01 Que importância tem para você o sentimento de gratidão?

02 Você se considera uma pessoa agradecida?

03 Você se lembra de alguma situação em que suas atitudes revelaram ingratidão? Comente com a turma como você se sentiu quando se deu conta de sua atitude.

Quarto Momento | Valores essenciais para o compromisso com a vida

PARA LER E REFLETIR

Gratidão

Gratidão é uma atitude essencial do ser humano. No que se refere à valorização, a gratidão é uma atitude entre pessoas: sou grato àquele com quem convivo, e manifesto minha gratidão. Agradeço pelo que fizeram e fazem por mim [...], mas também por sua simples presença e por serem o que são. Agradecer alguém é também um modo de aceitá-lo incondicionalmente. Se agradeço por sua simples proximidade, não tenho por que achar que algo nele está mal, ou que ele deve se modificar. Na gratidão, eu reconheço e aceito seu valor tal como é. [...] Agradecido é aquele que pensa como se deve. É quem agradece ao seu semelhante pelo que ele significa. [...] Cada um nos proporciona uma vivência nova; na convivência com os outros nós próprios nos modificamos e nos renovamos.

GRÜN, Anselm; DONDERS, Paul C. *Valorização pessoal e profissional*: o poder inspirador do reconhecimento. Petrópolis: Vozes, 2015. p. 84.

1. O que significa ser grato e por que manifestamos esse sentimento?

2. Como você interpreta a frase: "Agradecer alguém é também um modo de aceitá-lo incondicionalmente"?

3. A quem você gostaria de mostrar gratidão? Faça aqui uma lista de pessoas pelas quais você sente muita gratidão.

O QUE FAZ A DIFERENÇA

Leia a reflexão de Gassho, uma monja budista:

A prática de gratidão

Talvez o exercício mais profundo no budismo seja a prática de gratidão. Imagine passar um dia inteiro agradecendo cada pessoa que encontra e cada acontecimento! Obrigada, obrigada, obrigada. Saio da cama e vejo que está chovendo lá fora – obrigada. Encontro o meu marido, sonolento, com a barba por fazer – obrigada. Preparo o café da manhã – obrigada. Como o pão de cada dia – obrigada. Entro no carro e dou partida no motor – obrigada. Um motorista apressado me fecha no trânsito – obrigada.

O quê??? Vou agradecer o cara que me fecha no trânsito, quase causando um acidente??? Sim! Vou agradecer! Talvez na hora nem consiga imaginar um motivo para ter gratidão – simplesmente vou fazer a minha prática de agradecer todas as pessoas e todos os acontecimentos.

[...]

Então, se, inicialmente, alguns de nossos agradecimentos possam sair forçados, a contragosto, mesmo assim, a prática de gratidão vai operar os seus milagres. Agradecendo, começamos a perceber mais e mais coisas a agradecer. Agradecendo, o coração se abre. Agradecendo, começamos a perceber o quanto temos para agradecer. Começamos a descobrir que até as situações difíceis têm um lado positivo a ser agradecido.

O motorista que me dá uma fechada no trânsito me dá uma oportunidade de treinar os meus reflexos e habilidade como motorista, também me dá uma oportunidade de treinar a minha compaixão com o exercício de me identificar com ele e com a pressa que o levou a me fechar. Oferece uma oportunidade de agradecer o Universo, o Sagrado, por ter me protegido, pelo fato de que houve um canto para eu encostar para escapar da fechada. Uma oportunidade de agradecer pelo fato de que não aconteceu nada grave, de agradecer pela vida que tenho. De agradecer que tudo correu de tal forma que eu pudesse praticar a generosidade e dar espaço para uma pessoa que, por algum motivo, estava com muito mais pressa do que eu.

[...]

Não é pela raiva que cessa a raiva – é somente pela não raiva que a raiva cessa. E a gratidão é um grande remédio para a "raiva" e "ódio" – uma grande parte da prática da "não raiva", do "não ódio".

[...]

A PRÁTICA de gratidão. In: MONJA ISSHIN. [S. l.], 4 jul. 2007. Disponível em: https://monjaisshin.wordpress.com/?s=Imagine+passar+não+somente+um+dia+inteiro+. Acesso em: 2 mar. 2020.

Antes de dormir, reserve um momento para repensar tudo que aconteceu em seu dia, destacando pelo menos três situações pelas quais você deve ser grato. Um dia depois do outro. Convido você a experimentar isso.

Quarto Momento | Valores essenciais para o compromisso com a vida

MOMENTO DE REFLEXÃO

1. Você tem o hábito de parar em algum momento do dia especificamente para agradecer pelas coisas boas que lhe aconteceram? Registre sua experiência e sentimentos sobre o tema.

2. Você acredita que o sentimento de gratidão pode nos fazer pessoas melhores e mais felizes? Explique seu posicionamento.

3. Crie uma história em quadrinhos na qual seja narrado um fato que mostre como a gratidão foi positiva na vida do personagem principal.

4. Faça uma breve pesquisa na internet sobre os principais benefícios da gratidão. No caderno, registre os mais importantes para melhorar sua qualidade de vida.

PENSE NISSO

[...]
Quem ousa perdoar,
Torna-se verdadeiro.
Quem acolhe os outros,
Descobre-se como único.
Quem se compromete,
Encontra sentido.
Quem rompe com o fechamento,
Descobre a alegria.
Quem planta sementes,
Colhe frutos.
Quem cultiva flores,
Sente o perfume.
Quem semeia trigo,
Colhe alimento.
Quem planta ternura,
Encontra o abraço.
Quem semeia bom humor,
Encontra esperança.
Quem planta justiça,
Colhe paz.
Quem semeia verdade,
Encontra confiança.
Quem semeia amor,
Encontra gratidão.

MAYER, Canísio. *Dinâmicas para desenvolver o crescimento pessoal e coletivo*. Petrópolis: Vozes, 2009. p. 138.

MOMENTO DE ATENÇÃO PLENA

Este é um momento para você perceber todas as coisas ao redor que merecem sua gratidão. Vamos sair para um local fresco e arejado. Faça três a quatro respirações profundas. Antes de tudo, vamos agradecer por ter acordado esta manhã. A vida é incerta e acordar com saúde é um milagre a ser celebrado.

Agora, vamos agradecer por termos uma boa escola onde estudar. Pense em seus professores mais queridos, nos colegas que o acolhem, nos aspectos bons da escola. E agradeça.

Visualize agora sua família: as pessoas que lhe dão afeto e carinho, contribuindo para seu crescimento. E agradeça. Fique em silêncio por mais alguns instantes.

Por fim, comente com a turma sobre os sentimentos que esta atividade lhe causou.

COMPROMISSO DA SEMANA

Na seção **Para ler e refletir**, fiz uma lista das pessoas de meu cotidiano a quem eu gostaria de demonstrar minha gratidão. Meu compromisso desta semana é escrever um bilhete ou uma carta para essas pessoas agradecendo por tudo que elas significam para mim.

MEUS PENSAMENTOS

Anote aqui o que mais marcou você durante as reflexões deste diálogo. É possível que tenha sido uma ideia, um desejo, um sentimento, uma descoberta, uma proposta...

Caso queira, aproveite a oportunidade e ilustre seus sentimentos.

DIÁLOGO 18
Toda vida deve ser protegida

▶ Todos os seres vivos são importantes para o ciclo da vida. Na fotografia, um mergulhador aprecia a vida marinha sem interferir no meio ambiente nem danificá-lo.

A importância de todas as criaturas

Só existe amor onde existe cuidado e respeito. Quando nós aprendermos a respeitar todo e qualquer ser vivo, animal ou vegetal, ninguém precisará nos ensinar a amar nossos semelhantes. Se não aprendermos o valor essencial do respeito à vida, todas as nossas crenças e convicções não serão capazes de nos ajudar a nos tornarmos seres melhores do ponto de vista moral e espiritual.

Enquanto não tivermos a compreensão do quanto é importante o respeito a toda e qualquer forma de vida e expressão, não conseguiremos mudanças significativas, capazes de fazer o mundo melhor. O ser humano só será totalmente ético quando for capaz de proteger e respeitar toda e qualquer criatura viva, além de cuidar de todas elas.

Certamente você já se sentiu irritado alguma vez com algumas criaturas da natureza. Já deve ter se perguntado por que existem pernilongos, baratas, formigas... Já deve ter cortado sua mão em alguma planta e reclamado. Mas, se pensarmos com um pouco mais de cuidado, veremos que até mesmo aquilo que nos incomoda tem sua razão de ser.

Polinização: transporte de grãos de pólen feito pelo vento e pequenos animais, possibilitando a reprodução das plantas.

A interdependência da vida

▶ As abelhas levam o pólen de uma flor à outra, auxiliando na reprodução das plantas.

As abelhas, as formigas e outros insetos exercem importantes funções na manutenção da vida no planeta: por meio da **polinização**, facilitam a reprodução das plantas. Colhendo restos de alimentos ou carcaças de animais, moscas e formigas também participam de um importante processo de renovação e circulação dos nutrientes na Terra.

Assim, podemos perceber que cada criatura tem sua importância e seu valor, seu jeito de viver, de se reproduzir, de se relacionar e de sobreviver, devendo, assim, ser respeitada. Cada espécie é única.

Plantas, répteis e outros mamíferos já percorriam a Terra muito antes de nossa espécie e certamente contribuíram para criar as condições para a continuidade da vida no planeta. Como a natureza é fonte material de nossa existência, lutar pela sustentabilidade ambiental e pela biodiversidade é um sinal de inteligência ética.

PENSE NISSO

Toda vida é sagrada, porque tudo o que vive participa de Deus. E se até mesmo o mais insignificante grilo, no seu cri-cri rítmico, é um pulsar da divindade, não teríamos nós, com muito mais razão, de ter respeito igual pelos nossos inimigos?

ALVES, Rubem. *Na morada das palavras*. Campinas: Papirus, 2003. p. 55.

▶ O Projeto Tamar trabalha para proteger e conservar cinco espécies de tartarugas-marinhas ameaçadas de extinção. Na fotografia, tartarugas recém-nascidas são liberadas para o mar pelos participantes do projeto em sua sede na Praia do Forte (BA), 2013.

Também é fundamental respeitar tudo o que faz a vida existir (terra, água e ar), assumindo responsabilidade diante das formas de vida tanto animal quanto vegetal. A inter-relação respeitosa entre os seres vivos e o ambiente é o que dá condições para a existência e permanência da vida no planeta.

PARA LER E REFLETIR

Anúncio sobre o Dia de Sobrecarga da Terra em 2014.

A humanidade viverá no crédito a partir desta segunda-feira, 29 [de julho], pois já consumiu todos os recursos naturais – como água, terra e ar limpo – que o Planeta Terra oferece, segundo um cálculo da organização não governamental (ONG) Global Footprint Network.

O Dia da Sobrecarga da Terra, calculado desde 1986, chegou dois meses antes de 20 anos atrás e a cada ano se antecipa no calendário. Em 1993, ocorreu em 21 de outubro; em 2003, em 22 de setembro; e, em 2017, em 2 de agosto.

[...]

"O fato de que o Dia da Sobrecarga da Terra seja 29 de julho significa que a humanidade utiliza atualmente os recursos ecológicos 1,75 vez mais rápido do que a capacidade de regeneração dos ecossistemas", destacou a ONG, em um comunicado. "Gastamos o capital natural do nosso planeta, reduzindo ao mesmo tempo sua capacidade futura de regeneração."

De acordo com a Global Footprint Network, o custo da sobrecarga econômica mundial está se tornando cada vez mais evidente com o desmatamento, a erosão dos solos, a perda da biodiversidade e o aumento do dióxido de carbono na atmosfera.

"Isto leva à mudança climática e a fenômenos climáticos extremos mais frequentes", afirma a organização, com sede na Califórnia.

Os modos de consumo apresentam enormes diferenças entre os países.

"O Catar alcançou seu Dia de Sobrecarga depois de 42 dias, enquanto a Indonésia consumiu todos os recursos para o ano inteiro depois de 342", destaca a WWF, associada à Global Footprint Network. "Se todo mundo vivesse como os franceses, precisariam de 2,7 planetas e se todo mundo adotasse o modo de consumo dos americanos, seriam necessárias cinco Terras."

Segundo a WWF, "diminuindo as emissões de CO_2 em 50%, poderíamos ganhar 93 dias ao ano, isto é, atrasar [o] dia da sobrecarga da Terra até outubro".

DIA da Sobrecarga da Terra: humanidade já esgotou recursos em 2019. Terra, São Paulo, 29 jul. 2019. Disponível em: https://www.terra.com.br/noticias/ciencia/sustentabilidade/dia-da-sobrecarga-da-terra-humanidade-ja-esgotou-recursos-em-2019,39351dfa36b12a2dc84da210efa38dd16i42bmbx.html. Acesso em: 18 fev. 2020.

▶ População usa máscaras para se proteger da poluição do ar durante alerta vermelho. Pequim (Beijing), China, 2015.

▶ Ondas de fumaça em incêndio em área da Floresta Amazônica. Porto Velho (RO), 2019.

Sobrecarga da Terra × ano

2000	5 de outubro	2010	31 de agosto
2001	4 de outubro	2011	27 de agosto
2002	30 de setembro	2012	25 de agosto
2003	21 de setembro	2013	22 de agosto
2004	13 de setembro	2014	19 de agosto
2005	6 de setembro	2015	13 de agosto
2006	4 de setembro	2016	8 de agosto
2007	2 de setembro	2017	2 de agosto
2008	4 de setembro	2018	1º de agosto
2009	8 de setembro	2019	29 de julho

Fonte: ESTE ano, a data chegou mais cedo. *In*: WWF-BRASIL. Brasília, DF, [201-]. Disponível em: https://www.wwf.org.br/natureza_brasileira/especiais/pegada_ecologica/overshootday2/. Acesso em: 22 fev. 2020.

1. O que é o Dia da Sobrecarga da Terra?

2. Observe a tabela da página anterior. O que ela nos mostra sobre nossa relação com a vida na Terra?

3. Resuma, em uma frase, a mensagem do texto sobre a sobrecarga da Terra.

4. Descubra qual é o Dia da Sobrecarga da Terra neste ano e compare-o com o de 2019. O que você conclui disso?

5. Faça a leitura das duas imagens da página anterior e responda:

a) Com que palavras você poderia descrever a primeira imagem?

b) Com que palavras você poderia descrever a segunda imagem?

6. Se são feitos tantos alertas sobre a importância de preservar o meio ambiente, em sua opinião, por que ele continua sendo degradado?

7. Cite três situações que demonstram a interdependência entre os seres humanos e outras formas de vida. Por exemplo: sem as árvores, os seres humanos não teriam ar puro para respirar.

DINÂMICA DE GRUPO

A solução para recuperarmos o meio ambiente não é apenas sermos mais informados e conscientes mas agirmos em prol de nossa qualidade de vida e da qualidade de vida de todos. Para isso, propomos aqui o projeto Solidariedade e Vida.

1. Formem grupos de acordo com a orientação do professor.

2. Planejem as atividades possíveis de serem feitas por vocês com o apoio da escola e da família.

3. Elaborem cartazes, painéis ou murais para serem colocados em pontos estratégicos da escola, de modo que possam ser lidos por todos, até mesmo familiares e visitantes.

4. Elaborem textos sobre o tema e os reproduzam para serem distribuídos a quem frequenta a escola (estudantes, professores, funcionários, visitantes) e levados para casa.

5. Convidem profissionais para fazer palestras sobre a importância do respeito à vida: o cuidado com a saúde, alimentação, exercícios físicos, o perigo das drogas etc.

6. Informem-se sobre as ONGs ou entidades assistenciais que atuam em seu município ou região no apoio às pessoas com deficiência, aos idosos, aos doentes, aos dependentes de droga, aos moradores em situação de rua, entre outros. Convidem um representante de uma dessas instituições para vir à escola falar sobre o trabalho que realizam.

MOMENTO DE REFLEXÃO

1. Com base no que você estudou, explique o que significa "respeitar a vida".

_____

_____

2. Associe os termos com a definição correta.

a) plantas

b) fungos

c) insetos

d) aves

e) seres humanos

( ) São importantes agentes na manutenção da biodiversidade do planeta e frequentemente carregam sementes, favorecendo a reprodução e dispersão de plantas.

( ) Potencialmente, podem contribuir para o aumento da biodiversidade e proteção de espécies no planeta.

( ) Contribuem para o controle térmico da superfície do planeta, para a alimentação da maioria das espécies animais e para a renovação do oxigênio na atmosfera terrestre, entre outros.

( ) Contribuem para acelerar processos de decomposição, servem de alimento a várias espécies e são um dos mais importantes polinizadores – favorecendo, portanto, a reprodução das plantas.

( ) São importantes para acelerar processos de decomposição, favorecendo a reutilização de compostos orgânicos na natureza. Algumas espécies também são comestíveis.

3. Quais mudanças você pode fazer em sua rotina que contribuem para que o Dia de Sobrecarga da Terra chegue mais tarde no ano que vem?

_____

_____

_____

4. Com base no que você estudou neste diálogo, responda: Por que todas as formas de vida devem ser respeitadas?

_____

_____

COMPROMISSO DA SEMANA

Meu compromisso desta semana é participar ativamente do projeto Solidariedade e Vida. Vou fazer tudo que estiver ao meu alcance para que o projeto seja, realmente, um alerta sobre a valorização da vida.

PENSE NISSO

Não precisa ter dinheiro
pra comprar uma padaria
seja grato se ao menos
tiver o pão todo dia.
A falta é um prato cheio
de pura sabedoria
Pois quando se tem tão pouco
se valoriza o que tem.
E para você que tem muito,
dê todo o valor também.
Trabalhar, vencer na vida
é uma estrada comprida...
E ser rico não é feio.
Feio mesmo é esquecer
do que Deus deu para você
pra desejar o alheio.

BESSA, Bráulio. *Poesia que transforma*. Rio de Janeiro: Sextante, 2018. p. 76-77.

MEUS PENSAMENTOS

Anote aqui o que mais marcou você durante as reflexões deste diálogo. É possível que tenha sido uma ideia, um desejo, um sentimento, uma descoberta, uma proposta...

Caso queira, aproveite a oportunidade e ilustre seus sentimentos.

Quarto Momento | Valores essenciais para o compromisso com a vida

DIÁLOGO 19
A vida, um caminho de descobertas

▸ A vida é feita de desafios; um dos maiores é colocar nossa potência realizadora a serviço da autorrealização e para contribuir com a sociedade.

O sentido da vida

A vida é um caminho de descobertas, e isso é extremamente desafiador, pois todos nascemos para crescer e aprender. A todos nós foi dado potencial para criar, construir, realizar...

O sentido da vida não está apenas em curtir, divertir, encontrar o amor da nossa vida mas em ser alguém que está sempre de pé, pronto e determinado a ir em frente no caminho das descobertas. O sentido da vida está em descobrir o que é essencial para si e para os outros, fazendo algo que vale a pena, sendo útil para a sociedade em que se vive.

O caminho das descobertas está aberto a todos. Nossa tarefa diária é aprender e crescer todos os dias. E, acredite: sempre que nos dedicamos a uma busca, a um propósito, a um objetivo, abrimos espaço para novas possibilidades e experiências em nossa vida.

Nosso mundo não está pronto, mas em constante construção. Isso nos convida a acompanhar sua permanente evolução assumindo, com responsabilidade, nossas tarefas diárias para, juntos, evoluirmos, aprimorando a convivência e nossos conhecimentos.

Aceitar a mudança às vezes é difícil, mas o mundo depende de mudanças: precisamos aprender com as gerações passadas e contribuir para o bem-estar e o conhecimento das gerações futuras.

Explorando novos horizontes

A humanidade frequentemente buscou expandir seus próprios horizontes. A história de nossa espécie está cheia de descobertas desde os tempos dos primeiros seres humanos, quando ocupamos, de continente em continente, toda a Terra, até os dias mais recentes, quando começamos a explorar o espaço sideral e os segredos do mundo microscópico.

▶ Os humanos pré-históricos desenvolviam suas próprias tecnologias, que respondiam perfeitamente às suas necessidades.

▶ A longa trajetória de desenvolvimentos tecnológicos levou ao aprimoramento de inúmeras técnicas nas mais diversas áreas do conhecimento.

Buscar aventuras, novos aprendizados e explorar o desconhecido sempre nos ajudou: descobrimos curas para doenças, materiais para desenvolver a tecnologia e criamos invenções que melhoraram a qualidade de vida.

Novas aprendizagens e experiências nos empolgam e nos ajudam a sair da rotina, a abandonar hábitos ruins. E não estamos falando necessariamente de pisar na Lua ou em Marte. Estamos nos referindo à aventura do autoconhecimento, de conhecer novas pessoas, experimentar novos esportes, novas formas de lazer, novas leituras e sabores!

Se você tem uma ideia incrível para melhorar a vida das pessoas de sua comunidade, por que não colocá-la em prática? Entretanto, lembre-se que devemos experimentar o novo com cuidado, sempre respeitando nossos limites em nossas aventuras!

Quarto Momento | Valores essenciais para o compromisso com a vida   **163**

Buscando um sentido para a vida

A vida é um caminho de descobertas diárias. É um aprendizado constante. Nascemos, crescemos e, todos os dias, aprendemos algo novo.

Se alguém nos perguntar qual é o sentido da vida, podemos responder: o sentido da vida está na própria vida, na riqueza da convivência, na magia dos momentos de celebração, na alegria de partilhar com as pessoas que amamos, na amizade, no cuidado da família, no carinho, nos "presentes" que a vida nos oferece todos os dias.

O que realmente dá sentido à vida de qualquer ser humano é sentir-se valorizado, acolhido, protegido e amado e, principalmente, sentir-se útil. Quando encontramos sentido para a vida, encontramos também motivos para sermos mais felizes e gratos. E a gratidão é um dos elementos que nos mantém felizes.

▶ Nossa vida vai ganhando sentido e significado à medida que vamos caminhando, desenrolando seus mistérios por meio do conhecimento que vamos adquirindo.

Devemos lembrar também que, ao longo do tempo, com as pessoas que conhecemos, as experiências que vivemos, os fracassos e sucessos, nossas conquistas e a realização de sonhos, o sentido que damos à vida pode mudar. Dessa forma, é possível afirmar que a vida tem o sentido que conferimos a ela.

1. É hora de utilizar habilidades artísticas para refletir sobre o valor e o sentido da vida. Você receberá do professor alguns materiais: papel, tinta, tesoura, revistas, jornais para recorte. Você deve fazer uma montagem, desenho, pintura, música ou poesia que expresse sua maneira de dar sentido à vida.

AMPLIANDO O CONHECIMENTO
Cultura

Os sonhos e a juventude

Jovens, vocês não precisarão de sonhos se optarem por gastar o dinheiro dos seus pais, explorá-los e achar que eles são obrigados a satisfazer os seus desejos. Também não precisarão de sonhos para dizer que eles são chatos, caretas, ultrapassados, controladores, impacientes, incompreensíveis.

Mas precisarão de muitos sonhos para garimpar o ouro que se esconde no coração dos seus pais. Precisarão de sonhos para entender que eles não deram tudo o que vocês quiseram, mas deram tudo o que puderam. Precisarão dos "sonhos sábios" para entender e suportar os "nãos" dos seus pais, pois os "nãos" de quem os [ama] irão prepará-los para suportar um dia os "nãos" da vida.

Precisarão de sonhos para descobrir que seus pais perderam noites de sono para que vocês dormissem tranquilos, derramaram lágrimas para que vocês fossem felizes, adiaram alguns sonhos para que vocês sonhassem.

[...] você precisará de singelos sonhos para cobrar menos de si e das pessoas que o rodeiam; para elogiar, brincar, cantar e compreender mais. Além disso, precisará de muitos sonhos para zombar dos seus medos, debochar de sua insegurança, dar risadas das suas manias e, assim, viver relaxada e suavemente nessa bela e turbulenta existência.

CURY, Augusto Jorge. *Nunca desista dos seus sonhos*. Rio de Janeiro: Sextante, 2004. p. 149, 150 e 152.

▶ O cuidado com os filhos é uma característica universal, presente nas mais diversas culturas e povos ao longo da história.

MOMENTO de PROSA

01 Converse com os colegas sobre a diferença entre sonho e objetivo.

02 Qual deles é o mais importante para nossa vida? Por quê?

03 Você já pensou em qual é o principal objetivo de sua vida?

04 Qual é seu grande sonho?

Quarto Momento | Valores essenciais para o compromisso com a vida

MOMENTO DE REFLEXÃO

1. O diagrama de palavras registra algumas de suas descobertas e de seu aprendizado. Os verbos indicam as habilidades relacionadas a cada descoberta. Complete-o com os sinônimos dos itens a seguir.

   1. Locomover-se.
   2. Registrar.
   3. Buscar.
   4. Divertir-se.
   5. Acrescentar.
   6. Investigar, explorar.
   7. Nutrir, sustentar.
   8. Informar-se.
   9. Narrar.
   10. Gostar.
   11. Imaginar.

2. No caderno, enumere mais cinco de suas descobertas até hoje. Cite qual foi a mais importante para você, justificando sua resposta.

3. Estabeleça a relação entre a tirinha a seguir e o tema deste diálogo.

4. No caderno, represente com um desenho um aprendizado que foi mais significativo para você e escreva uma frase que expresse seu significado.

PENSE NISSO

A prática constante do bem nos ajuda a atingir nossa realização pessoal. Quando vivemos preocupados em sermos melhores e voltados para a prática do bem, contribuímos, a cada dia, para nosso desenvolvimento integral: aperfeiçoamos nosso caráter, nossas habilidades, nossos relacionamentos...

O cultivo dos valores essenciais é, sem dúvida, o melhor alicerce para a construção de uma sociedade promissora.

É grande a responsabilidade de todos na conquista do bem comum e é dever de cada um de nós sermos melhores a cada dia. Confúcio, pensador e filósofo chinês nascido em 551 a.C., dá-nos uma lição de como podemos dar sentido à nossa vida. Leia o texto que segue:

> Todos os dias, examino a mim mesmo sob três aspectos. Naquilo que fiz pelo bem-estar do outro, falhei em fazer o meu melhor? Ao tratar com meus amigos, falhei em ser fiel às minhas palavras? Ensinei aos outros algo que eu próprio não tenha experimentado?

CONFÚCIO. *Os analectos*. Tradução (inglês): Caroline Chang; tradução (chinês): D. C. Lau. Porto Alegre: L&PM, 2015. p. 63. livro 1-4.

COMPROMISSO DA SEMANA

Meu compromisso desta semana é fazer o que Confúcio fazia. Toda noite vou me perguntar: O que fiz hoje para o bem-estar e o aprendizado das pessoas com as quais convivo? Se eu falhar em um dia, tentarei fazer o melhor no outro, pois sei que a falha é parte do processo de aprendizagem e criação de novos hábitos.

MEUS PENSAMENTOS

Anote aqui o que mais marcou você durante as reflexões deste diálogo. É possível que tenha sido uma ideia, um desejo, um sentimento, uma descoberta, uma proposta...

Caso queira, aproveite a oportunidade e ilustre seus sentimentos.

Quarto Momento | Valores essenciais para o compromisso com a vida

DIÁLOGO 20 — Qualidade de vida

▶ O exercício físico é saúde, é vida!

Os benefícios de uma vida saudável

Em geral, só nos preocupamos com a saúde quando ela se encontra ameaçada – por mais que o principal valor da qualidade de vida seja a saúde.

De acordo com a Organização Mundial da Saúde (OMS, 1946), "a saúde é um estado de completo bem-estar físico, mental e social, e não consiste apenas na ausência de doença ou de enfermidade". A saúde é um dos direitos fundamentais de todo ser humano, sem distinção de etnia, religião, credo, condição econômica ou social, mas carece, além de outros fatores, dos hábitos escolhidos por cada um.

Uma vida saudável é consequência de hábitos sadios: ter uma boa alimentação, fazer exercícios físicos, dormir bem, ingerir muita água, cuidar da higiene corporal, não usar drogas, cigarros e bebidas alcoólicas. É importante também evitar estresse e manter o bom humor. A alegria favorece a saúde!

O bom humor é um dos segredos para viver bem. Uma pessoa bem-humorada transmite bem-estar e saúde. Ela contagia o ambiente a seu redor. A ciência tem comprovado que rir e brincar são remédios para muitas doenças. Porém, precisamos entender que o bom humor não consiste apenas em contar piadas e rir mas em manter uma postura de alegria, respeito e amor à vida.

Qualidade de vida

Outro fator de saúde importante é a convivência: cultivar boas amizades, viver em harmonia com a família e com todos que fazem parte de sua rotina. Um item igualmente essencial é desenvolver a autoestima: amar a si mesmo e o próprio corpo, do jeito que é, fugindo das armadilhas dos padrões estabelecidos pela publicidade.

▶ Somente nós mesmos conseguimos cuidar da nossa autoestima e mantê-la em níveis saudáveis.

Muitas pessoas confundem padrão de vida com qualidade de vida. O padrão de vida é medido por sua riqueza, pela quantidade de bens materiais e pelo conforto de que você desfruta. A qualidade de vida é avaliada por sua maneira de ser e viver e pela quantidade e qualidade de experiências positivas que você tem, mesmo que não tenha riqueza nem vida confortável.

A qualidade de vida está ligada à maneira sábia de viver, aos valores que você cultiva, a seu equilíbrio emocional, à sua capacidade de superar obstáculos e desafios. Momentos bons ou ruins fazem parte da vida de qualquer pessoa, mas a maneira pela qual você administra esses momentos e as lições de vida que você aprende com eles determinam sua qualidade de vida e sua história.

Entendemos por qualidade de vida não só a saúde física mas também o estado psicológico, o nível de independência, a qualidade das relações sociais em casa, na escola e no trabalho e até sua relação com o meio ambiente.

> Existem, é claro, outros fatores que influenciam a qualidade de vida, mas podemos afirmar que ela está diretamente associada à autoestima, à autoconfiança e ao bem-estar pessoal, dependendo de vários aspectos: a capacidade funcional, o nível socioeconômico, o estado emocional, a interação social, a atividade intelectual, o autocuidado, o suporte familiar, o estado de saúde, os valores culturais, éticos e religiosos, o estilo de vida, o prazer das atividades diárias e o ambiente em que se vive.
>
> Fonte: DAWALIBI, Nathaly W. *et al*. Envelhecimento e qualidade de vida: análise da produção científica da Scielo. *Estudos de Psicologia*, Campinas, v. 30, n. 3, p. 393-403, jul./set. 2013. Disponível em: www.scielo.br/scielo.php?script=sci_arttext&pid=S0103-166X2013000300009. Acesso em: 9 mar. 2020.

O índice da felicidade

Você já ouviu falar de Felicidade Interna Bruta (FIB)? Esse índice foi criado no Butão, um pequeno país no sul da Ásia, e baseia-se no princípio de que o verdadeiro desenvolvimento de uma sociedade humana acontece quando o desenvolvimento espiritual e material são simultâneos, complementando-se mutuamente.

Ele mede não só o padrão de vida das pessoas mas também o bem-estar psicológico, a saúde, o uso do tempo para socialização, a vitalidade comunitária, os valores da educação e cultura, a qualidade do meio ambiente e a honestidade e transparência governamentais.

Para viver essa felicidade, é importante que você conviva com sua comunidade, aproveite os momentos em família, desfrute do ambiente cultural à sua volta – frequentando cinemas, teatros, eventos ao ar livre –, comprometa-se com a sustentabilidade e busque ser um cidadão ético e ativo.

▶ Jovem camponesa. Thimphu, Butão, 2013.

MOMENTO de PROSA

01 Você acha que um bom padrão de vida é suficiente para uma vida saudável? Justifique sua resposta.

02 Quais de suas ações mostram cuidado com sua qualidade de vida?

03 Como você tem contribuído para a qualidade de vida de sua família?

04 Em sua opinião, o que você precisa fazer para melhorar sua qualidade de vida?

Como posso contribuir para a qualidade de vida das pessoas?

São muitas as ações que favorecem nossa qualidade de vida e com as quais podemos colaborar: em casa, no condomínio, na rua, no bairro, na escola.

Temos exemplos de pessoas e instituições que plantam jardins comunitários na rua ou praça próximo a onde moram e se comprometem a cuidar deles; grupos que se unem em mutirões para deixar as ruas mais limpas ou recuperar praças malcuidadas; artistas que vão a hospitais confortar crianças doentes; entre muitos outros. Todas essas ações trazem bem-estar, melhorando a qualidade do indivíduo e da coletividade.

É preciso agir e, para isso, é importante o envolvimento e o apoio da escola, dos pais e da comunidade onde vivemos.

Viver um só dia de cada vez

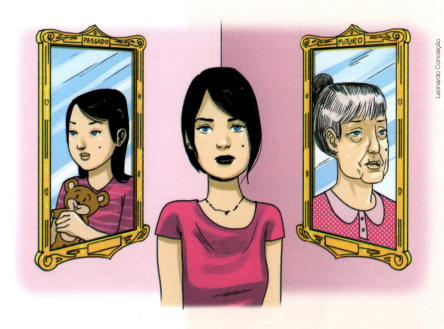

Existem dois dias de cada semana com os quais não deveríamos nos preocupar; dois dias que deveriam estar livres de medo e apreensão.

Um deles é ontem, com seus erros e acertos, ferimentos e dores. O ontem passou para sempre e não há nada que possamos fazer. Todo o dinheiro do mundo não pode desfazer nem um só de nossos atos; não pode apagar uma única palavra que dissemos. O ontem se foi.

O outro dia com o que não deveríamos nos preocupar é amanhã, com suas exigências, promessas e problemas.

O amanhã também não está em nossas mãos.

Com isso, nos resta um único dia: hoje.

Qualquer pessoa pode batalhar por um dia. Portanto, vamos viver um só dia de cada vez!

MOORE, Richard. Viver um só dia de cada vez. *In*: PERCY, Allan. *Tudo é possível*: 75 caminhos para sair da mesmice e mudar sua vida. Rio de Janeiro: Sextante, 2013. p. 116.

1. Que relação existe entre esse texto e o que refletimos neste diálogo?

2. Resuma, em uma frase, a lição de vida desse texto.

Quarto Momento | Valores essenciais para o compromisso com a vida **171**

O QUE FAZ A DIFERENÇA

PENSE NISSO

A estrada para a felicidade é pavimentada com oportunidades douradas. Diga sim a elas e cada passo terá a garantia de um retorno de multimilhões. As ações desempenhadas ao longo do caminho tornam-se a tinta para desenhar as linhas da fortuna. E quando encontramos companheiros para andar juntos sobre esse caminho, uma parcela maior de felicidade é gerada. Ações coletivas, precedidas de conquistas individuais, são os catalisadores das grandes transformações no mundo.

A PAZ de todo dia. São Paulo: Brahma Kumaris, 2000. v. 1.

▶ É hora de refletir e se questionar: Quais mudanças proporcionei a mim mesmo e ao mundo neste ano?

Estamos chegando ao final de mais um ano escolar. Em breve, concluiremos nossos estudos. Durante as aulas, você refletiu sobre vários aspectos importantíssimos para construir sua qualidade de vida em cooperação e harmonia com tudo o que está à sua volta.

O que agora lhe pedimos é que você leve para casa e para o mundo o que aprendeu aqui sobre o cuidado consigo mesmo, com o outro, com o mundo e com a vida.

▶ O convívio generoso e amoroso contribui para a construção da autoestima.

Cultive sua autoestima como se cultiva uma flor. Cuide de sua convivência em casa, na escola, em qualquer lugar, como cuida de um tesouro. Proteja e ame o meio ambiente, com a certeza que estará protegendo sua própria vida.

Lembramos que aquilo sobre o que refletimos e discutimos juntos não terá utilidade se for mantido na teoria. Precisamos viver esses valores essenciais todos os dias. Sempre que falharmos, devemos prestar atenção e nos esforçarmos para na próxima oportunidade não falharmos novamente.

PENSE NISSO

RECOMEÇO

Muitos dias, muitas aulas, muito esforço

É hora de me esvaziar

Tirar o peso dos ombros, e relaxar.

Mais um ano se passou, é hora de recomeçar.

É hora de prosseguir, sem medo de errar.

Muita coisa aprendi.

Renovei amizades, refiz sonhos, enriqueci meus pensamentos.

Entendi que a vida é feita de cuidados, não apenas de momentos.

Preenchi meu coração com esperança,

E me armei de coragem e confiança.

Hoje me sinto mais forte, mais convicto dos meus valores,

Sei quais são meus deveres, também sei que nem tudo são flores.

Quero libertar minha criatividade, ser construtor de oportunidades.

O mundo espera por mim. O convite está no ar.

Plenos de esperança, vamos juntos celebrar.

Texto escrito especialmente para esta obra.

COMPROMISSO DA SEMANA

Meu compromisso desta semana é partilhar com minha família o resultado de meu esforço. Meu compromisso é perceber o quanto cresci. Para isso, vou escrever uma nota em meu diário, expressando como mudei ao longo deste sétimo ano!

MEUS PENSAMENTOS

Anote aqui o que mais marcou você durante as reflexões deste diálogo. É possível que tenha sido uma ideia, um desejo, um sentimento, uma descoberta, uma proposta...

Caso queira, aproveite a oportunidade e ilustre seus sentimentos.

Quarto Momento | Valores essenciais para o compromisso com a vida

Revivendo os diálogos

De acordo com a orientação do professor, forme dupla com um colega e, juntos, respondam às questões a seguir.

01 Qual é a importância da educação no trânsito para o cuidado com a vida? Em quais outras atividades cotidianas precisamos melhorar esse cuidado?

02 No Diálogo 17, vocês leram um texto postado no *site* da Monja Isshin. Ele diz: "Não é pela raiva que cessa a raiva – é somente pela não raiva que a raiva cessa. E a gratidão é um grande remédio para a 'raiva' e 'ódio' – uma grande parte da prática da 'não raiva', do 'não ódio'". Como vocês interpretam esse trecho? Em quais situações precisamos praticar o não ódio?

03 Este ano, em algum momento, vocês buscaram tornar o planeta mais sustentável? Como? Vocês acreditam que suas ações foram boas para a manutenção da vida do planeta?

04 O que vocês entendem por qualidade de vida? O que fazem para melhorar sua própria qualidade de vida?

Às vezes, recebemos muito e somos pouco agradecidos. Vamos fazer deste momento um momento de agradecimento. Reflitam um pouco e pensem a quem vocês gostariam de agradecer e por quê. Registrem sua gratidão em uma folha de papel. Partilhem com o professor e os colegas seus sentimentos. Terminem a atividade dando um abraço nos colegas de caminhada e no professor.

PARA SE INSPIRAR

Filmes

National Geographic Films/Bonne Pioche

A marcha dos pinguins, de Luc Jacquet (85 min).

Esse filme aborda como o inverno na Antártica torna o local inabitável para os pinguins. Eles fazem uma longa jornada com o intuito de chegar ao terreno de reprodução da espécie, que se estende por mais de 200 km. O longa-metragem mostra o cuidado desses animais para garantir a manutenção da vida e da espécie.

Livros

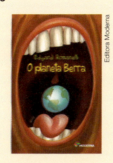

Editora Moderna

O planeta Berra, de Edgard Romanelli (Salamandra).

Esse livro conta a história de Lu, que, cansado de ver o mundo ser destruído pelos adultos, acaba conhecendo Pru, do planeta Berra. O que dois garotos podem fazer para conseguir estimular a solidariedade no planeta de cada um?

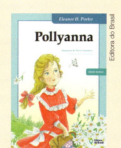

Editora do Brasil

Pollyanna, de Eleanor H. Porter (Editora do Brasil).

Esse livro, um clássico da literatura juvenil, conta a história da menina Pollyanna, que, após ficar órfã aos 11 anos, vai morar com sua amarga tia. Essa convivência, aparentemente impossível, transformará a vida de ambas e de todos à sua volta. Em edição bilíngue (português e inglês), a obra carrega a intensa mensagem positiva de que todas as coisas podem ser melhores, dependendo de como as olhamos.

Sites

Exame: 10 cidades com projetos verdes inspiradores, de Vanessa Barbosa, 8 jan. 2015.

Esse texto traz informações de dez cidades do mundo que são exemplos de ecologia e desenvolvimento sustentável. E uma delas é brasileira! Disponível em: https://exame.com/mundo/10-cidades-no-mundo-com-projetos-verdes-inspiradores/. Acesso em: 9 mar. 2020.

Vídeos

Dicas para montar uma mini-horta em casa (10 min).

Que tal descobrir como construir uma horta em sua própria casa ou apartamento? Nesse vídeo, você verá que não precisa de muito espaço para produzir um pouco da própria comida. É uma oportunidade de aprender a respeitar a biodiversidade, valorizar os produtos orgânicos, construir novos modelos de alimentação e cultivo de alimentos.
A escolha consciente da alimentação reflete um posicionamento ético e social. Disponível em: https://youtu.be/hevTtqIFVC4. Acesso em: 21 set. 2020.

Queridos estudantes,

Parabéns por sua caminhada e seus esforços durante este ano que agora termina.

Sua vida está apenas começando. Valorize-a! Cuide de você, de tudo e de todos a quem ama.

O valor da vida está no sentido que damos a ela. Viva cada dia com intenso amor e cuidado.

Assim você alcançará seus objetivos e conquistará seus grandes sonhos.

Com o abraço carinhoso de Margarida, Donizetti e Lucas.